现代国际贸易研究

◎张方建 著

湘潭大学出版社
XIANGTAN UNIVERSITY PRESS

前　言

在全球化的浪潮中，现代国际贸易研究作为一个跨学科的综合领域，其重要性日益凸显。随着信息技术的飞速进步、全球供应链的深度整合以及多边贸易体系的不断演变，国际贸易的形态、规则与格局正经历着前所未有的变革。这一研究领域不仅关乎国家经济的繁荣与发展，还深刻影响着全球资源配置、产业结构调整以及国际政治经济关系的重构。面对日益复杂的国际贸易环境，加强现代国际贸易研究，不仅有助于提升国家在全球经济治理中的话语权，还能为企业把握市场机遇、规避风险提供科学依据，对促进全球经济一体化进程、实现共同繁荣具有不可估量的价值。因此，深入探索现代国际贸易的内在规律与发展趋势，成为当今时代亟待解决的重要课题。

本书聚焦现代国际贸易的广阔领域，全面而深入地剖析了国际贸易在全球化背景下的多维度特征与发展动态。首先，构建了国际贸易的基本认知框架，从国际贸易的产生与发展、特征与作用，到类别与指标，再到理论审视，为读者提供了坚实的理论基础。其次，深入探讨了国际贸易政策工具与措施，特别是发展中国家的政策选择、关税与非关税壁垒的经济效应，以及鼓励出口与出口管制策略，揭示了政策对国际贸易流向与结构的深刻影响。最后，围绕国际贸易的核心操作环节、交易方式、金融市场的探究以及发展趋势展开论述，为读者展示了国际贸易实践的丰富性与复杂性。

本书内容丰富、结构严谨,既适合作为国际贸易方面学者的研究资料,也适合作为从事国际贸易实务工作人士的参考指南。在行文中,本书注重逻辑结构的清晰性和内容的系统性,以确保读者能够从中获得有益的启示和指导。

作者在写作过程中,得到了许多专家、学者的帮助和指导,在此表示诚挚的谢意。由于作者水平有限,加之时间仓促,书中所涉及的内容难免有疏漏之处,希望各位读者多提宝贵的意见,以便进一步修改,使之更加完善。

目 录

第一章 国际贸易概述

第一节 国际贸易的产生与发展

一、现代国际贸易的产生

现代国际贸易作为全球经济一体化日益加深的核心要素，其根源与演进紧密地嵌入社会生产力发展的历史脉络之中，是历史背景与生产力进步交互作用的必然结果。这一经济现象不仅映射出人类社会由封闭性向开放性转型、从自给自足状态步入相互依赖格局的深刻历程，同时也彰显了经济法则在全球范围内适用性J的增强及其演变路径。

在人类社会的早期阶段，即原始社会的初期与中期，由于生产力水平极为有限，人们生活在基于自然分工的原始社群中，生存方式主要围绕集体劳动下的采集与狩猎活动展开。此时，由于剩余产品的缺乏、私有制及国家形态尚未形成，商品生产与交换的概念尚未萌芽，现代国际贸易的概念自然无从构建。这一状态深刻地揭示了生产力水平对经济活动形态的决定性制约。

随着生产力的不断累积与提升，人类社会经历了三次关键性的社会分工，这些变革为现代国际贸易的萌芽奠定了坚实的基础。第一次社会大分工，即畜牧业与农业的分离，标志着劳动生产率的初步提高与剩余产品的出现，为部落间简单的物物交换创造了条件，初步勾勒出了商品交换的轮廓。第二次社会大分工，即手工业从农业中的分离，极大地促进了生产技术的革新与生产效率的飞跃，推动了以交换为目的的商品生产的兴起。金属货币的出现，更是将商品交换提升到了以货币为媒介的商品流通阶段，极大地扩展了交易的范围与深度。第三次社会大分工，即商人群体的专业化形成，标志着商品贸易的职业化发展，这不仅加速了商品流通的速度与广度，也促进了市场体系的成熟与私有制的巩固。在此过程中,随着阶级矛盾的深化与国家的诞生,商品流通逐渐跨越国界,现代国际贸易的雏形得以形成。这一转变不仅体现了生产力发展对现代国际贸易的直接驱动作用,也揭示了社会结构变化对经济活动模式的深刻影响。

二、现代国际贸易的发展

(一)资本主义以前的国际贸易

在奴隶社会时期,自然经济作为经济基础的核心,其内在的逻辑驱动生产活动紧密围绕基本生活需求的满足,这一特征从根本上制约了国际贸易的广泛拓展。该时期的对外贸易体系,深刻地烙印着奴隶主阶级利益的印记,商品结构以奴隶这一特殊劳动力资源及奢侈品等高端消费品为核心,凸显了社会阶级分化与资源非均衡分配的鲜明时代特征。

奴隶制国家的崛起,尤其是地中海地区、中东、印度及中国等地的历史演变,标志着人类社会结构经历了深刻的转型。地中海区域尤为突出,其国际贸易在腓尼基、迦太基等古国文明的推动下达到前所未有的高度,构建了古代世界贸易网络的中心枢纽。随后,希腊城邦如雅典的兴起,进一步推动了地中海贸易的繁荣,直至罗马帝国的强盛,全面重塑了国际贸易的版图。然而,随着西罗马帝国的衰败,奴隶制在西欧的逐渐解体,地中海贸易亦步入了一段漫长的衰退期。

在中国,夏商时期奴隶制的确立虽未立即催生出广泛的国际贸易网络,但黄河流域诸侯国间的局部贸易交流,对于促进手工业技艺的精进与城市经济的初步萌芽起到了积极作用。尽管国际贸易在奴隶社会经济架构中占比有限,但它作为经济与文化交流的桥梁,对于提升社会生产力水平及推动文明进步,发挥了不容忽视的正向效应。

在中世纪欧洲,封建制度的稳固与发展虽使国际贸易依旧面临自然经济为主导的桎梏,但亦展现出阶段性成长的轨迹。初期,自给自足的自然经济主导,国际贸易规模有限,主要围绕生活必需品展开,反映了当时社会经济结构的局限。中期以后,随着生产力的跃升,商品生产渐趋繁盛,封建地租货币化趋势加速，极大地激发了商品经济的活力，国际贸易的商品构成也趋于多元化，香料、奢侈品等新兴交易品的出现，标志着国际贸易规模的初步扩大。至封建社会晚期，城市手工业的蓬勃兴起，更是为国际贸易的多元化与规模化注入了新的动力，纺织品、葡萄酒、金属制品等多样化商品的广泛流通，彰显了封建社会末期国际贸易的勃勃生机。

中国古代对外贸易的发展同样辉煌灿烂且独具风貌。自西汉张骞通西域开辟丝绸之路以来，中国便与世界各国建立了广泛的物质文化交流关系，奠定了古代对外贸易的坚实基础。从邻近的朝鲜、日本，到隋唐时期的贸易鼎盛，再到南宋时期多边通商关系的建立，无不展现了中国古代对外贸易的开放与繁荣。明朝永乐年间，郑和下西洋的壮举更是将古代中国的航海贸易推向了极致，通过输出金银、绸缎、瓷器等优质商品，换回海外奇珍异宝，不仅丰富了国内市场，更促进了中外经济文化的深度融合。

中国古代对外贸易的鲜明特点在于：①手工业技术的卓越，尤其是丝绸与陶瓷制造业的独步天下，使中国赢得了“丝绸之国”的美誉，这些产品长期在国际市场上占据主导地位；②官方主导的“朝贡”制度与民间贸易并存，既彰显了皇权的威严与外交的庄重，也促进了官方贸易体系的规范化发展；③明清时期在坚持“朝贡”制度的同时，推行的海禁政策，虽带有一定的封闭性，但也反映了当时统治阶层对于国际贸易的复杂态度与战略考量。

（二）近代资本主义国际贸易

近代资本主义国际贸易历经三个阶段：资本原始积累、自由竞争资本主义至垄断资本主义，时间横跨16世纪至20世纪30年代末。此间，国际贸易在资本主义生产方式推动下迅速扩张，遍布世界各地，商品种类急剧增加，成为驱动资本主义社会经济发展的关键力量。

1.资本原始积累时期的国际贸易

资本主义的兴起，作为人类社会经济形态的一次深刻变革，其历史脉络可追溯至14世纪至15世纪地中海沿岸城市的早期萌芽，然而，其真正意义上的时代开启，则标志于16世纪的曙光初现。这一时期，西欧社会经历了封建制度的深刻瓦解与资本主义生产关系的孕育成长，是资本原始积累与手工工场蓬勃发展的黄金时代。

资本主义生产方式的确立，根植于一系列先决条件的满足：首先，是劳动力的自由化与无产化，即需要形成一支拥有自由身份却缺乏生产资料的劳动大军；其次，是资本的高度集中，即少数个体需掌握足以推动资本主义扩张的巨额货币财富；最后，是市场的不断拓展，要求有持续扩大的商品交换空间以支撑生产规模的扩大与再生产循环的顺畅进行。这些条件的实现，关键在于资本的原始积累过程，它以其独特的方式重塑了社会经济结构。

在英国，15世纪末兴起的"圈地运动"作为资本原始积累的典型例证，通过剥夺农民土地权益，将大片土地转化为牧场，以追逐羊毛生产的更高利润。这一运动不仅促进了畜牧业的发展，更深刻地导致了农村社会的剧变，大量农民失去土地，被迫流入城市成为自由劳动力，为资本主义工业的发展提供了宝贵的人力资源。

与此同时，国际贸易的扩张与地理大发现为资本主义注入了强大的动力。西班牙、葡萄牙等国的殖民扩张活动，通过掠夺性贸易、奴隶贩运等手段，从世界各地积累了巨额财富，这些财富大部分转化为货币资本，为欧洲资本主义的起飞提供了坚实的金融基础。商业战争的频繁爆发，不仅巩固了欧洲的殖民霸权，更将亚洲、非洲、拉丁美洲等广阔地域纳入全球贸易网络，极大地扩大了商品市场，促进了世界市场的初步形成。

2. 自由竞争资本主义时期的国际贸易

18世纪60年代至19世纪60年代，标志着资本主义制度在全球范围内经历了从确立到显著发展的关键转型期。这一时期，以蒸汽机技术为核心的科技进步实现了飞跃，不仅深刻地改变了生产方式，还极大地推动了欧美主要国家产业革命与资产阶级革命的浪潮。随着工厂手工业逐步被机器大工业所取代，资本主义生产体系实现了质的飞跃，为全球经济格局的重塑奠定了坚实的物质基础。

机器大工业的兴起，不仅极大地提升了生产效率与规模，还直接促进了交通运输领域的革命性变革。火车与轮船作为新兴交通工具的普及，极大地拓宽了商品流通的地理边界,显著提高了货物的运载能力与运输效率,同时降低了物流成本,加速了市场信息的传递与反馈。此外,通信技术的迅猛发展与应用,进一步打破了地理界限,加强了各国之间的经济联系与文化交流,为构建统一的世界市场提供了强有力的技术支持。

在此背景下,国际贸易日益呈现出普遍性与世界性的特征,成为连接不同发展水平国家的重要桥梁。国际贸易的蓬勃发展不仅促进了商品、资本与技术的跨国界流动,还深化了国际分工体系,使得各国在全球经济网络中扮演着不可或缺的角色。对于资本主义国家而言,国际贸易不仅是其经济持续增长的重要驱动力,也是保障工业生产原料供应、实现商品价值、维持社会再生产顺畅进行的必要条件。同时,国际贸易的扩展还促使原本处于封闭或半封闭状态的经济体逐步融入全球商品交换体系,加速了全球经济一体化的进程。

随着国际贸易体系的扩展与深化,国际竞争也日益激烈。英国作为率先完成工业革命的国家,在18世纪末至19世纪初的国际贸易中占据主导地位,然而,随着其他资本主义国家的相继崛起,国际市场的竞争格局逐渐发生变化。至19世纪中叶,多国并起的局面形成,各国在世界市场上展开了激烈的竞争与合作,共同推动了国际贸易体系的多元化与复杂化,为全球经济的繁荣与发展注入了新的活力。

3.垄断资本主义时期的国际贸易

在19世纪70年代至20世纪初的历史转折点上,世界资本主义经济体系经历了从自由竞争到垄断的深刻变革,标志着帝国主义时代的来临。这一时期,第二次科技革命的浪潮席卷全球,引领人类社会迈入电气化新时代。科技创新的蓬勃发展,特别是电力技术的广泛应用,极大地推动了钢铁、电力等基础工业的飞跃,进而催生了汽车工业、化学工业及电气工业等新兴产业的崛起。这一系列技术革新不仅加速了传统工业的转型升级,还促进了生产效率的显著提升,为全球经济结构的重塑奠定了坚实基础。

伴随科技与工业的蓬勃进步,交通运输业亦迎来了前所未有的发展契机。铁路运输网络的广泛覆盖,船舶航行技术的革新及运输成本的降低,极大地促进了国际贸易的拓展与深化。尽管国际贸易的绝对量在此期间持续增长，但其增速却受多重因素影响而显得相对平缓，特别是1900年后的短暂加速在1914年被打断，随后1929年全球经济大危机的冲击更是导致国际贸易绝对值连续多年大幅下降，工业发展几乎回退到世纪之交的水平。此危机加剧了国际市场竞争的激烈程度，垄断组织间围绕世界市场份额的争夺愈演愈烈，关税壁垒与贸易保护主义政策频繁出台，国际贸易环境趋于紧张。

（三）现代国际贸易

自20世纪40年代以来，现代国际贸易的蓬勃扩张可归因于一系列积极因素的交互影响，这些因素共同勾勒出全球经济版图的新面貌。

第一，全球范围内大规模冲突的缓解使得国际社会普遍倾向于和平与稳定的追求。这一大环境下，各国政府及民间力量积极寻求合作，共同构建了一个有利于经济发展的外部条件。在此背景下，国家间的政治互信与经济合作日益深化，为国际贸易的迅猛增长开辟了更为广阔的空间，并显著加速了全球经济一体化的进程。

第二，科技进步，特别是以第三次科技革命及随后兴起的信息技术革命为标志的技术革新，成为驱动现代国际贸易发展的核心动力。新技术、新材料、新能源的不断出现，不仅丰富了国际贸易的商品构成，提高了产品的质量与生产效率，还通过降低生产成本与交易成本，显著增强了国际市场的活力与竞争力。特别是信息技术的迅猛发展，不仅革新了国际贸易的运作方式，例如电子商务的广泛应用，还极大地扩展了市场的边界，使国际贸易更加便捷、高效，从而进一步推动了贸易量的快速增长。

第三，经济一体化进程的加快为现代国际贸易的繁荣提供了坚实的制度支撑。全球范围内贸易自由化政策的推行与实施，有效减少了贸易壁垒，促进了商品、服务、资本及技术的自由流通。同时，国际货币体系的不断优化与区域一体化组织的成立，为国际贸易创造了一个更加稳定、可预期的金融环境与合作平台，显著提升了国际贸易的韧性与可持续性。

第二节 国际贸易的特征与作用

一、现代国际贸易的特征

现代国际贸易的特征相较于国内贸易而言，展现出其独特的属性。两者同为连接社会生产与社会消费不可或缺的环节，具有诸如均为商业活动、均处于社会再生产的中介位置、交易流程相似以及遵循商品经济基本规律等共性。现代国际贸易因其所处的特定环境与交往对象的差异，表现出以下显著特征：

第一，各国语言、法律及风俗习惯的多样性。这种多样性根植于各国深厚的文化根基与历史传承，显著影响市场调研的精确性、商务沟通的流畅性以及合同执行的规范性。相较于国内贸易的单一文化背景，现代国际贸易要求参与者必须掌握跨文化沟通技巧，灵活适应不同法律体系下的合同制定与争议解决程序，并深入理解并尊重各地的文化习俗，以确保交易活动的顺利进行。

第二，各国经济政策的不同。各国政府依据本国经济发展战略制定的金融、产业、进出口管理及关税政策，对市场准入、商品流通及成本结构产生直接影响，使得国际贸易活动呈现出高度的策略性与动态性。因此，国际贸易参与者需密切关注各国经济政策的变动，以有效规避风险并把握市场机遇。

第三，各国货币制度的差异。虽然国际市场中主要国际货币的广泛使用提升了交易效率，但同时也带来了汇率波动风险。加之国际金融市场的波动与各国货币政策的调整，进一步增加了国际贸易的不确定性。国际贸易从业者须具备金融市场分析能力，运用金融工具与风险管理策略，有效应对货币制度差异带来的挑战。

第四，现代国际贸易涉及广泛且中间环节众多。交易双方跨越国界，交易链条不仅包含直接的买卖双方，还涉及中介商、代理商以及商检、仓储、物流、保险、金融等配套服务行业，以及车站、港口、海关等基础设施部门。这一广泛的涉及面要求各环节之间必须紧密配合，任何环节的失误都可能影响交易的顺利进行,凸显了国际贸易运作的高度依赖性与系统敏感性。

第五,现代国际贸易面临显著的风险挑战。其跨国界、跨文化的特性加剧了风险的不确定性,包括运输过程中的物理风险、信用风险、汇率波动风险、政治风险以及市场供需变化、政策调整等商业风险。这些风险因素相互交织,要求参与方具备高度的风险意识与管理能力。

第六,国际市场竞争日趋激烈。随着全球化的加速推进,各国企业纷纷进军国际市场,争夺有限的市场份额。这一竞争不仅体现在商品质量与技术创新层面,更是一场关于人才、市场策略与管理效率的全方位竞争。因此,提升外贸从业人员的专业素养与综合能力,构建高效团队,优化市场布局,深化国际合作,成为企业在国际市场中保持竞争力、实现可持续发展的关键。

二、现代国际贸易的作用

由于各国的发展水平及发展阶段不同,现代国际贸易所发挥的作用也不尽相同,但总体来说,现代国际贸易对提高整个世界的福利水平,增强各国之间的联系,以及提高人民生活水平等方面有着重要的作用。

第一,现代国际贸易作为全球经济互动的基石与桥梁,其作用已显著超越了传统货物交易的局限,逐步发展成为涵盖服务贸易、技术转移、资本流动以及跨国合作等多方面的经济互动体系。这一深刻的转型不仅重新定义了国际经济关系的架构,还极大地推动了全球劳动分工的精密化与效率提升,使得各国能够在更加宽广的平台上实现资源的优化配置与生产要素的跨国自由流动。在全球化不断推进的背景下,现代国际贸易已成为驱动世界各国经济深度融合与相互依存的核心力量。它不但促进了商品与服务的跨境自由流通,还加速了技术、知识与管理的国际扩散,为各国经济的持续增长提供了强劲的动力源泉。通过国际分工与合作的不断深化,各国能够依据自身的绝对优势与比较优势,专注于特定领域的发展,从而在全球化市场中赢得更大的利益空间。这一进程不仅加速了产业结构的优化与升级,还促进了全球价值链的形成与拓展,为全球经济一体化增添了新的活力。同时,现代国际贸易的蓬勃发展也促使各国政府采取更为开放与合作的姿态，通过制定科学合理的对外贸易政策，在维护国家经济利益的同时，推动国际经济秩序的稳定与繁荣。对外贸易政策作为一国对外战略的关键环节，其制定与实施需充分考量国际经济环境的变迁与本国经济发展的长远需求，旨在构建互利共赢的国际经济合作关系，引领全球经济向更加均衡、包容、可持续的方向发展。

第二，现代国际贸易在促进国民经济发展方面发挥着至关重要的作用。作为社会再生产体系中的桥梁与纽带，国际贸易有效搭建了国内外经济交流与合作的平台，成为推动全球经济一体化的重要力量。它不仅维系着世界各国社会生产两大部类间的动态平衡，还深刻影响着商品价值在广阔市场中的实现过程及实物形态的有效补偿，对优化资源配置、促进经济结构优化升级具有极其重要的作用。通过国际贸易，各国商品能够在更加广阔的市场中实现使用价值向价值形态的转换，这一过程极大地促进了社会产品价值的全面实现，增强了各国经济的活力与韧性。特别是对于广大发展中国家而言，国际贸易是获取扩大再生产所需的关键生产要素。此外，国际贸易还促进了技术知识的跨国流动，使得发展中国家能够借助引进先进技术和装备，快速提升自身生产力水平，缩小与发达国家的差距。这种“后发优势”的发挥，不仅节约了自主研发的时间与资金成本，还避免了重复试错的资源浪费，为国民经济的加速发展提供了高效路径，彰显了现代国际贸易在促进全球经济增长中的积极作用与深远影响。

第三，现代国际贸易作为全球经济一体化的核心驱动力，显著推动了企业利润率的增长。在此进程中，商品价值的国际衡量标准扮演着至关重要的角色。当出口商品在国内价值与国际价值间形成显著差额时，企业能够获取更为可观的利润。这一差额的扩大，从根本上依赖于出口商品生产劳动率的提高，而现代国际贸易正是这一提升过程的重要催化剂。借助国际贸易的平台，企业能够接触并引进国际尖端的机器设备、采用领先的新材料与工艺技术，从而优化资源配置，提升资本利用效率，实现生产效能的显著提升。同时，国际贸易促使企业向大规模生产模式转变，规模经济效应明显，不仅增强了新技术应用的效益，还提高了设备的使用效率，有效降低了单位商品的成本,为企业利润率的增长奠定了坚实的基础。此外,国际贸易还为企业提供了宝贵的学习契机,通过借鉴国际先进的经营管理经验,不断提升自身的管理水平与市场竞争力。

第四,现代国际贸易在提升人民生活水平方面发挥着举足轻重的作用。生活水平的改善,从根本上源于收入的增加、物价的稳定以及商品供应的丰富。现代国际贸易通过其独特的经济机制,为国民收入的增长开辟了多样化的渠道。一方面,国际贸易顺差能够借助乘数效应,直接促进国民收入和国内就业的增长,进而提升全民的收入水平。对于发展中国家而言,通过国际服务贸易,尤其是劳务输出,更是成为提升国民收入的重要途径。另一方面,国际贸易促进了全球范围内的专业化分工,各国依据自身的比较优势生产商品,这不仅提高了生产效率,降低了生产成本,还通过价格传导机制,使消费者能够享受到更为低廉的商品价格。现代国际贸易通过国际商品交换,有效缓解了生产者追求规模效益与消费者追求商品多样性之间的矛盾,极大地丰富了市场供应,为消费者提供了更多样化的选择,从而全方位提升了人民的生活品质与满意度。

第三节 国际贸易的类别与指标

一、现代国际贸易的不同类别

(一)根据物流的方向不同分类

1.出口贸易

出口贸易作为现代国际贸易的重要组成部分,是国家经济增长与产业升级的重要驱动力,专指一国将其本土生产或加工的制成品及半成品跨越国界,销往国际市场的经济行为。这一过程不仅促进了资源在全球范围内的优化配置,还增强了出口国的国际竞争力与品牌影响力。值得注意的是,出口贸易的界定严格区分了商品的最终销售地,确保统计数据的准确性,排除了非商业性流动如外交使领馆自用物资及旅客携带物品等。

2.进口贸易

进口贸易，作为国际经济交流的另一面镜子，反映了国内市场需求与外部供给的紧密联动，指的是将外国商品引入国内市场进行销售的贸易活动，对促进国内消费结构升级、技术引进与产业升级具有不可替代的作用。同样，进口贸易的范畴也明确排除了服务于特定非商业目的的物资流动，确保了贸易统计的纯粹性。

3.过境贸易

过境贸易，作为现代国际贸易体系中的特殊形式，展现了现代国际贸易网络的复杂性与灵活性，涉及商品在运输过程中短暂穿越一国领土，而不改变其所有权或进入该国市场。直接过境与间接过境的分类，进一步细化了这一贸易模式的操作细节，后者虽在海关仓库暂存，但本质上仍属于国际转运，其纳入总贸易额统计，有助于全面反映一国的国际贸易活跃程度与物流效率。

4.复出口贸易

复出口贸易，即再出口，是现代国际贸易循环中的一个重要环节，体现了商品在全球价值链中的高效流转，不仅包括从自由贸易区或保税仓库直接转口的商品，也涵盖了已进入国内市场但未经加工的商品的再次出口。这一现象反映了现代国际贸易中商品流动的灵活性与市场的快速反应能力，对于促进国际间商品与服务的多元化交流具有重要意义。

5.复进口贸易

复进口贸易又称再进口，是指本国商品出口后未经加工又原状输入国内销售。复进口一般是由于商品在国外未能售出或由于损坏或质量问题等原因，如出口退货或未销售的寄售贸易的货物退回国内等。

（二）根据国境和关境分类

1.国境和关境

国境是指一个国家的领土，即处于一个国家主权支配下的地球表面特定部分。关境，又被称为海关境域、关税领域，是海关管辖的范围。

2.总贸易体系和专门贸易体系

（1）总贸易体系。总贸易体系，作为一种普遍采用的统计方法，其核心在于以国境线作为划分进出口贸易的基准线。这种体系下，不论货物的最终用途或是否经过进一步加工，只要其物理位置跨越了国境，即被纳入进出口统计范畴。这种方法的直观性与易于操作性，使其成为众多国家的首选，展现了其在现代国际贸易统计中的广泛适用性。

（2）专门贸易体系。专门贸易体系采用更为精细化的划分标准——关境，来界定进出口贸易。在这一体系下，货物的进出口地位并非单纯由其跨越国境的行为决定，而是依据其是否通过海关的正式结关程序来判定。具体而言，唯有那些完成海关清关手续、正式进入或离开关境的商品，方被计入进出口统计之中。这种方法不仅反映了商品的实际流动情况，还兼顾了海关监管与税收政策的需求。在专门贸易体系下，出口渠道如直接出口与海关保税工厂出口被视为出口贸易的一部分，而保税仓库与自由贸易区内的货物流动，若未跨越关境，则不计入统计，这体现了该体系对贸易活动精细分类的追求。

（三）根据商品的形态分类

1.有形商品贸易

有形商品贸易又称货物贸易、有形贸易，是指国际进行的有形的、看得见的物质性商品的贸易活动。

2.无形商品贸易

无形商品贸易，即服务贸易，作为全球经济一体化进程中的重要组成部分，涵盖了劳务、技术及各类非物质形态商品的跨国界交换。其核心特征在于其交易对象的非物质性，广泛涉及与商品进出口紧密相关的服务活动。

（四）根据货物的运送方式分类

1.陆路贸易

陆路贸易作为现代国际贸易的重要组成部分，依托火车与汽车等高效运输工具，构建起横跨国界的商品流通网络，尤其在促进邻近国家间经济交流与合作方面发挥着不可替代的作用。

2.海运贸易

海运贸易以其庞大的运载能力和低廉的成本优势，主导着国际大宗商品贸易的运输格局，船舶作为其主要载体，连接了全球各大经济体，推动了全球经济一体化的进程。

3.空运贸易

空运贸易的兴起，标志着现代国际贸易进入了一个追求速度与效率的新时代。通过航空运输，鲜活产品、高价值货物及时间敏感型商品得以迅速跨越地理界限，极大地缩短了货物周转时间，满足了市场对快速响应的需求。

4.邮购贸易

邮购贸易作为一种灵活便捷的现代国际贸易形式，利用邮政系统的广泛覆盖，为样品交流、小规模采购及个人跨境购物提供了可能，促进了现代国际贸易的多元化与个性化发展。

5.管道运输贸易

能源在全球范围内的非均衡分布格局，显著促进了国际能源市场中生产端与消费端两大阵营的自然分化。在此背景下，国际社会普遍转向更为高效、经济的能源输送方式——管道运输。管道运输以其独特的优势，逐步成为国际能源运输领域的主流选择[①]。

（五）根据贸易是否有第三国参加分类

1.直接贸易

直接贸易作为现代国际贸易的基本形式，促进了生产国与消费国之间的直接经济联系，有效减少了中间环节，提高了交易效率与透明度，加速了商品流通与资源优化配置。

---

①耿雪娇.浅谈国际能源过境管道运输中的法律问题[J].新西部（理论版），2016，（3）.

2. 间接贸易

间接贸易通过引入第三国作为媒介，拓宽了贸易渠道，尤其是在面临信息不对称、政治壁垒或地理限制时，为商品跨国界流动提供了灵活路径。间接贸易不仅增强了全球供应链的韧性，还促进了国际贸易参与国的多元化发展。

3. 转口贸易

转口贸易作为间接贸易的重要组成部分，对第三国而言，是提升国际贸易地位、促进本国贸易服务业发展的关键途径。通过转口贸易，第三国不仅能利用其地理、信息或政策优势，成为国际贸易的枢纽，还能通过商品的集散与再分配，增强其在全球经济中的影响力。具体方式中，无论是商品的输入再输出，还是作为运输桥梁促进两国贸易，都体现了转口贸易在促进全球贸易自由化、提升国际贸易效率方面的积极作用。

（六）根据清偿工具分类

1. 现汇贸易

现汇贸易作为现代国际贸易的主流形式之一，其核心在于直接以货币作为交易双方价值交换的媒介，极大地促进了全球经济的融合与资本流动。当前，欧元、美元、日元及英镑等国际货币在充当清偿支付工具方面发挥着关键作用，它们不仅简化了交易流程，还增强了国际贸易的透明度和可预测性，为跨国企业提供了便捷的融资与结算渠道，推动了全球经济一体化的深入发展。

2. 易货贸易

易货贸易，这一历史悠久的交易模式，则以货物直接交换为基础，强调进出口的对等性与平衡性。在易货贸易框架下，双方通过精心挑选的货物品种进行互换，旨在满足各自需求，同时避免了外汇交易的成本与风险。此类贸易通常依托政府间协议实施，不仅促进了资源的优化配置，还在不增加外汇负担的前提下，实现了国家间经济互补与互利共赢。易货贸易的灵活性还体现在其扩展形式——换货清算协定上,该协定通过政府指定银行进行货值记账与定期结算,有效管理了交易中的差额问题,为参与国提供了更为灵活多样的贸易结算方式,进一步增强了国际经济合作的韧性与深度。

(七)根据经济发展水平分类

1.水平贸易

水平贸易作为现代国际贸易的重要组成部分,核心特征在于参与国之间的经济发展水平相近,导致这些国家在生产技术与产业结构上呈现相似性或互补性。在此框架下,国家间交换的商品在技术层次上趋于一致,促进了技术交流与市场细分,提高了国际分工的精细度和效率。水平贸易不仅限于发达国家间的互动,也广泛存在于发展中国家及区域性经济集团内部,它有助于加强经济体系的相互依赖与融合,推动全球经济的均衡发展。

2.垂直贸易

垂直贸易构建了不同经济发展阶段国家之间的贸易桥梁,其基础在于国家间经济与技术水平的显著差异。在垂直贸易模式下,技术先进的国家利用其资本和技术优势,专注于高技术含量、高附加值产品的生产及出口,同时进口所需原材料与初级产品,以满足国内生产需求。而技术相对落后的国家,则主要依赖自然资源的开发与初级产品的出口,以换取所需的制成品和技术。这种贸易形式不仅促进了资源的全球优化配置,还激发了技术转移与产业升级的潜力,为发展中国家提供了经济成长和技术追赶的契机。南北贸易作为垂直贸易的典型代表,展现了全球经济体系中的合作与共赢机制,对于促进全球经济的包容性增长具有重要意义。

(八)根据贸易是否使用纸制商业文件进行分类

1.有纸贸易

有纸贸易,作为一种传统而经典的贸易形式,其核心特征在于依托纸质商业文件的流转作为交易完成的标志,这些单证不仅是交易的凭据,也承载着信息传递与信用保障的功能。

2.无纸贸易

随着信息技术的飞速发展,无纸贸易作为一种创新性的贸易模式应运而生,它依赖于电子数据交换技术,通过计算机网络实现贸易各环节数据的即时传输与处理,极大地提升了交易效率,降低了成本,促进了贸易的便捷化与无纸化进程。

(九)根据各国对外贸易政策分类

1.自由贸易

自由贸易倡导市场的全面开放与公平竞争,政府减少对贸易活动的直接干预,旨在通过市场机制促进资源的优化配置与全球经济的一体化。

2.保护贸易

保护贸易体现为国家利用多种手段对本国市场实施保护,如关税壁垒、非关税措施及出口补贴等,旨在增强国内产业的竞争力,维护国内市场秩序。

3.管理贸易

管理贸易作为二者之间的过渡形态,更加注重在国际贸易中平衡各方利益,通过政府间的协调与谈判,实施更加灵活与精准的贸易管理策略,既保障国内市场的基本稳定,又促进全球贸易的可持续发展。这一模式强调了政府角色的转变,即从单一的保护或放任,转向更加积极主动的干预与协调,以更好地适应经济全球化背景下的复杂贸易环境。

(十)根据贸易方式分类

1.一般贸易

一般贸易作为现代国际贸易的基本形式,其核心在于纯粹的商品买卖,遵循商业规则与市场机制,不涉及对商品的进一步加工或装配过程。它通过多样化的商业模式如经销、代理、寄售等实现,这些模式促进了全球资源的优化配置与市场的深度融合,为参与各方提供了广阔的合作空间与机遇。

2. 加工贸易

加工贸易展现了一种更为复杂且高附加值的贸易形态，它依托企业的技术能力和生产设备，将进口原材料转化为成品或半成品后再行出口。这种模式不仅促进了现代国际贸易的细分化与专业化，还强化了国家间的产业链联系与协作，尤其是在进料加工、来料加工及来件装配等具体形式下，实现了资源的跨国界高效利用与技术的跨国传播。

3. 补偿贸易

补偿贸易，作为一种特殊的贸易安排，其创新之处在于将进口设备与技术的使用与产品的出口销售紧密结合，形成了一种基于未来生产收益的信贷偿付机制。它鼓励企业引进先进技术和设备，通过产品返销的方式逐步偿还贷款，既解决了资金短缺问题，又促进了技术引进与产业升级，对于发展中国家而言，更是提升自主生产能力与国际竞争力的有效途径。

二、现代国际贸易的统计指标

（一）国际贸易额和国际贸易量

1. 国际贸易额

贸易额也称贸易值，是指一定时期内（通常指一年）以货币表示的贸易金额。由于统计范围不同，贸易额可以分为对外贸易额和国际贸易额。

（1）对外贸易额。对外贸易额作为衡量一国经济开放程度与国际经济联系紧密性的核心指标，其本质是以货币形式量化的一国在一定时期内与外国进行商品和服务交换的总价值。该指标由出口总额与进口总额两部分构成，前者体现了一国商品与服务在国际市场上的竞争力与市场占有率，后者则反映了该国对外部资源与商品的需求状况。对外贸易额不仅以本国货币计价，亦常采用国际通行的货币如美元，以便于国际比较与分析，联合国发布的相关数据即为此类标准应用的典范。

（2）国际贸易额。国际贸易额是一个更为宏观的概念，它涵盖了全球范围内各国在同一时间框架内，以统一货币单位衡量的进出口交易总和。值得注意的是，由于现代国际贸易的双向性，简单地将各国进出口额相加会导致数据的重复计算，因此，通常以各国的出口额总和作为国际贸易额的代理变量，以规避这一统计上的重复问题。然而，由于各国在计价方式上的差异（如出口多基于离岸价，进口则常含运费与保险费），导致了全球出口总额通常低于进口总额的现象。

鉴于国际市场商品价格频繁波动的特性，单纯依赖贸易额难以全面、准确地刻画现代国际贸易的真实规模与动态变化。为此，引入了贸易量这一指标，它通过剔除价格因素，仅基于货物与服务的数量变化来衡量国际贸易的活跃程度与规模，从而更为真实地反映了国际贸易的实际发展状况与趋势。这一指标的应用，为政策制定者、经济学家及市场参与者提供了更为可靠的参考依据，促进了全球经济合作与交流的深化发展。

2. 国际贸易量

贸易量，是指一定时期内（通常指一年）以数量、重量等计量单位表示的国际贸易规模。即一定时期各国进出口实物量的总和。但是，参加现代国际贸易的商品种类繁多，计量标准各异，就一种商品而言，用计量单位表示贸易规模较为容易，但就一国全部进出口商品来说，就无法用计量单位来表示了。为了反映对外贸易的实际规模，通常将贸易额剔除了价格波动后，按不变价格计算的贸易值来近似地代替贸易量。贸易量同样可以分为对外贸易量和国际贸易量。

（1）对外贸易量，是指一国一定时期内进口贸易量和出口贸易量的总和。

（2）国际贸易量，是指一定时期内世界各国出口贸易量的总和。

3. 国际贸易差额

贸易差额，是指一国在一定时期内出口额与进口额相比较的差额。

（1）贸易顺差，是指商品的出口额大于进口额的贸易差额，也称为出超或净出口，有时也称为贸易盈余。

（2）贸易逆差，是指商品的出口额小于进口额的贸易差额，也称为入超或净进口，有时也称贸易赤字。

(3)贸易平衡,是指商品的出口额与进口额相等。

贸易差额是衡量一国对外贸易状况的重要指标。贸易顺差表明一国在外贸上收入大于支出;贸易逆差表明一国在外贸上收入小于支出。由于贸易收支是国际收支的重要组成部分,因此贸易差额的状况是影响一国国际收支平衡的重要因素。

(二)对外贸易依存度

对外贸易依存度又称对外贸易系数,是指一国对外贸易与该国国民经济之间的关系。

1.对外贸易总依存度

对外贸易总依存度是指一国的对外贸易额占其国内生产总值(GDP)的比重。它是反映一国对外贸易在国民经济中所处地位的重要指标。

2.对外贸易出口依存度和进口依存度

对外贸易中的出口依存度与进口依存度,作为衡量一国经济开放程度与国际经济融合深度的关键指标,分别揭示了该国出口与进口贸易活动对其国内生产总值的贡献比例。这一依存度指标不仅直观反映了国家经济对外部市场的依赖状况,还深刻影响着国内经济发展的稳定性与增长潜力。

具体而言,出口依存度的提升,标志着该国产品在国际市场上的竞争力增强,以及全球经济一体化背景下,其通过出口驱动经济增长策略的有效性。然而,过高的出口依存度也意味着国内经济可能面临国际市场波动的较大风险,如全球需求下滑、贸易保护主义抬头等外部冲击,都可能对国内经济造成显著影响,尤其是在全球经济不景气的时期,这种影响尤为显著。因此,维持一个适度的出口依存度,对于平衡国内外市场、增强经济韧性至关重要。

(三)国际贸易条件

国际贸易条件作为衡量一国对外贸易经济效益的综合性指标,其变化直接影响到国家贸易利益的分配。贸易条件指数作为量化工具,通过比较出口商品与进口商品之间的交换比率或相对价格，为政策制定者提供了评估贸易绩效、制定贸易政策的重要依据。商品贸易条件关注单一或一类商品的价格变动，而收入贸易条件和要素贸易条件则分别从总收入和要素报酬的角度拓展了分析维度，为全面理解贸易对国民福利的影响提供了更为丰富的视角。

1.商品贸易条件

商品贸易条件，是指一国在一定时期内的出口商品价格与进口商品价格之间的比率。由于一个国家的进出口商品种类繁多，较难直接用进出口商品的价格进行比较，因此，通常采用一国在一定时期（通常是一年）内的出口商品价格指数与进口商品价格指数之比计算。

2.收入贸易条件

收入贸易条件，是指一国出口商品的实际收入水平，以反映一国出口商品的实际购买力。它相当于商品贸易条件与出口商品数量的乘积，即考虑出口数量变化因素。

3.要素贸易条件

要素贸易条件是将商品贸易条件与要素生产率结合起来考察对一国进口能力的影响。具体分为单因素贸易条件和双因素贸易条件。

(1)单因素贸易条件。单因素贸易条件是在商品贸易条件基础上，考虑劳动生产率的变化对国际贸易利益的影响。

(2)双因素贸易条件。双因素贸易条件是考虑出口和进口劳动生产率的共同变化对国际贸易条件的影响。

第二章 国际贸易政策工具与措施

第一节 发展中国家的对外贸易政策

一、发展中国家对外贸易政策的目的

在现代国际贸易的学术研究中，发展中国家在对外贸易政策的制定上表现出明显的多目标导向性。这些国家通常采取一系列综合性策略，以促进国家经济的稳健发展。这些策略旨在实现包括经济增长、就业创造、产业升级、技术进步和国际竞争力提升等多重目标。

（一）保护本国的市场

发展中国家制定对外贸易政策的首要目的是保护本国市场，以确保本土经济在国际竞争中获得足够的发展空间。这一目标通过设立关税和非关税壁垒等措施来实现，旨在减缓外国产品对国内市场的冲击，避免本地产业在面对全球化过程中遭受过度的竞争压力。通过保护市场，国家能够为本土企业提供一个相对稳定的环境，使其有机会提升生产效率和技术水平。这种政策导向不仅在短期内有助于稳定就业，还能长期促进本国企业的成长和成熟，使其逐步具备参与国际竞争的能力。

本国市场的保护还涉及对特定战略性行业的扶持。这些行业通常在国家经济发展中扮演关键角色，对国家的整体竞争力和经济安全具有重要影响。通过针对性地实施保护措施，国家可以为这些行业的发展创造有利条件，使其逐步摆脱对进口的依赖，增强自主创新能力。保护市场的策略不仅限于商品贸易，还包括对服务、技术等领域的管理，目的是在全球化背景下确保国家经济的自主性和独立性。

在保护本国市场的过程中，发展中国家需关注全球市场的变化和国际

规则的演变。保护市场的措施需与现代国际贸易规则保持一致,以避免引发贸易摩擦和国际争端。国家在制定相关政策时,需在保护本国利益与履行国际义务之间寻求平衡,以确保在全球经济体系中的合法性和可持续性。与此同时,保护本国市场也为国内产业的转型升级提供了条件。通过限制低端产品的进口,国家可以引导资源向高附加值、高技术含量的行业转移,推动经济结构的优化和升级。这种转型不仅有助于提升国家的整体经济质量,还能增强在全球价值链中的地位,实现更高层次的发展。

保护本国市场是发展中国家对外贸易政策中的核心要素,它不仅为本土经济的发展提供了必要的支持,也为国家在全球化进程中争取到了更为有利的地位。通过合理的市场保护措施,发展中国家可以逐步增强自身的经济竞争力,实现可持续发展目标。

(二)扩大本国产品的出口市场

扩大本国产品的出口市场的目的是通过提升产品的国际竞争力,获取更多的外汇收入,从而支持国内经济的持续增长。

第一,扩大出口市场有助于优化国内产业结构。通过积极开拓国际市场,国家可以推动本国产业由低附加值向高附加值转型,使得国内企业在全球产业链中占据更高的位置。这不仅提高了国家的经济效益,还促进了技术进步和产业升级。

第二,扩大出口市场能够提升国家的外汇储备水平,增强经济抗风险能力。在国际市场上获取更多的外汇收入,可以为国家提供更大的经济缓冲空间,以应对国际市场波动、金融危机等外部冲击。同时,外汇储备的增加也有助于国家维持汇率的稳定,保持国内经济的平稳运行。

第三,扩大本国产品的出口市场有助于深化国际经济合作,增强国家在全球经济治理中的话语权。通过出口市场的拓展,发展中国家能够更加积极地参与全球经济合作,与其他国家建立更加紧密的贸易关系。这种合作不仅有利于国家获得更多的市场机会,还可以为国家争取更多的国际经济治理权利,提升其在全球经济格局中的影响力。

扩大出口市场的政策还包括一系列措施,如提升产品质量、优化出口结构、加强国际市场推广等。通过这些措施，发展中国家可以提高其产品的国际竞争力，拓宽出口渠道，确保在激烈的国际竞争中占据有利位置。同时，国家还应注重建立和完善贸易支持体系，如出口信贷、保险等，以减少企业在开拓国际市场时面临的风险，增强其参与国际市场的信心。

（三）促进本国产业结构的改善

促进本国产业结构的改善是发展中国家对外贸易政策的核心目标之一，通过合理的政策设计与实施，可以推动产业转型升级，实现经济的高质量发展。

第一，产业结构的优化有助于提升国家竞争力。通过对外贸易政策的引导，发展中国家可以逐步减少对低附加值产品的依赖，推动产业向技术密集型、高附加值方向发展。这种转型不仅有助于提高产品在国际市场的竞争力，还能够增强国家在全球价值链中的地位。

第二，产业结构的改善有助于提高劳动生产率，推动经济的持续增长。通过促进产业的技术升级和创新能力的提升，国家能够更有效地利用资源，减少浪费，提高劳动生产率。技术创新在这一过程中扮演着关键角色，通过加强研发投入和技术引进，发展中国家可以逐步缩小与发达国家的技术差距，增强自身的经济竞争力。

第三，产业结构的优化可以促进就业结构的合理化，增加高质量就业岗位。随着产业的升级，劳动力市场需求将从低技能劳动向高技能劳动转变，这不仅提高了劳动者的收入水平，也有助于社会稳定与发展。同时，产业结构的转型还可以减少对资源型产业的依赖，降低经济对环境的负面影响，推动可持续发展。

第四，产业结构的改善有利于经济多元化发展。通过发展多样化的产业，国家可以减少对单一出口产品的依赖，降低外部市场波动对经济的冲击。多元化的产业结构还能够增强经济的抗风险能力，使得国家在面对国际市场变化时更具灵活性和适应性，从而保持经济的稳定发展。

产业结构的改善不仅是经济发展的必要条件，也是应对全球经济变革的战略选择。通过合理的对外贸易政策，发展中国家可以逐步实现产业结构的优化,推动经济向高质量发展迈进。这一过程不仅有助于提升国家的综合竞争力,还将为全球经济的可持续发展做出积极贡献。

二、发展中国家对外贸易政策的类型

(一)自由贸易政策

随着经济全球化步伐的加快,中国贸易自由化的进程也在加快,中国的市场将会对世界各国更加开放。①自由贸易政策的核心在于通过减少或消除对进出口商品和服务贸易的限制,推动国内外市场的自由竞争和资源的最优配置。该政策强调市场机制在资源配置中的主导作用,通过取消各种限制和特权,激发市场活力,促进贸易自由化,从而推动经济的整体增长与发展。自由贸易政策在实施过程中,旨在创造一个更加开放和公平的贸易环境,使企业能够在国内外市场上充分发挥其竞争优势,增强经济的内生动力。

自由贸易政策的推行有助于打破贸易壁垒,扩大市场的深度和广度,为国内企业提供更多的市场机会。同时,通过开放市场,国家能够引进先进技术和管理经验,推动产业升级与结构优化,提升国内经济的国际竞争力。在全球化的背景下,自由贸易政策不仅促进了现代国际贸易的增长,也在一定程度上推动了全球经济的一体化进程,使国家能够更好地融入全球市场,实现资源的全球配置。

自由贸易政策通过消除对特定产业或企业的优待,营造了公平的市场竞争环境,有助于提高经济的运行效率。取消特权和优待措施,确保各类市场主体在平等条件下参与市场竞争,激励企业提高生产效率、创新能力和管理水平。这种竞争机制不仅能够提升企业的市场竞争力,还能够通过市场的优胜劣汰,优化资源配置,推动经济的健康发展。

自由贸易政策的实施需要在国内外市场之间建立起有效的沟通与协调机制,以确保政策的顺利执行和市场的稳定运行。通过政策的调整和完善,国家能够在全球经济体系中占据更为有利的位置,同时也为国内市场

①徐黑妹.中国对外贸易政策的研究[D].福建:厦门大学,2007:1.

的发展创造更为有利的条件。自由贸易政策的持续推进有助于深化国际经济合作，促进全球经济的繁荣与发展，为国家经济的可持续增长提供坚实的保障。

（二）保护贸易政策

自由贸易能最大化一国的国民收入，但是不同时期各国或多或少地以某种隐蔽或公开的方式实施着保护贸易政策。保护贸易政策之所以长期存在，是因为它是贸易利益的分配、经济发展与竞争实力、安全等因素共同作用的结果。①保护贸易政策的主要目标在于通过一系列措施保护本国经济免受外部竞争的冲击，确保国家经济的稳健发展。保护贸易政策通过限制进口、控制经营范围，以及提供出口优待和补贴等方式，维护本国市场的稳定性和国内产业的竞争力。

1.限制进口

限制进口政策是通过调控外国商品和服务的进入，使国家有效保护国内产业，特别是那些尚未完全成熟、发展潜力较大的行业。在面对全球市场的激烈竞争时，限制进口措施为这些产业提供了宝贵的发展空间，使其能够在相对稳定的市场环境中逐步增强技术能力和竞争实力。这种保护机制不仅有助于减少外国产品对本国市场的冲击，还为国内企业的技术改进和产业升级创造了有利条件。

在全球化的背景下，国内产业面临来自国际市场的多重挑战，其中包括技术、资金、管理经验等方面的差距。通过限制进口，国家能够有效防止外国产品的过度涌入，避免本国企业在发展初期就受到过度竞争的压力。这种策略在支持国内产业成长的同时，也为国家经济的自主可控性奠定了坚实基础。限制进口政策的实施，使国家能够在全球市场中占据更加有利的位置，同时保障了国内市场的稳定与繁荣。

此外，限制进口能够减少外部市场波动对国内经济的影响。国际市场

---

①陈善步，林杰.保护贸易政策的演变及成因分析[J].全国商情（经济理论研究），2008(6).

的变化往往不可预测，而通过适当的进口控制，国家可以有效规避这些不确定性带来的风险，从而维持国内经济的平稳运行。这种措施不仅保护了国内企业的利益，也为国家经济的长期可持续发展提供了重要保障。

在实施限制进口政策的过程中，国家能够对本国经济结构进行优化调整，逐步减少对外部市场的依赖。通过引导国内企业加大技术研发和创新投入，国家促进了产业的自主发展能力，提升了整体经济的竞争力。限制进口政策不仅是国家在全球化背景下的一项防御性策略，更是推动国内经济转型升级的重要手段，它在增强国家经济安全、促进产业结构优化方面发挥着不可或缺的作用。

2.控制经营范围

控制经营范围是保护贸易政策的重要工具，旨在通过限制外资企业的市场参与，确保本国企业在国内经济中的主导地位。这一策略不仅有助于维护国家经济的安全与独立性，还通过降低外资企业在本国市场中的份额，防止关键产业被外部资本和技术所控制。国家通过这一措施，能够有效保持本国企业在战略性行业中的优势地位，从而确保经济发展的自主性和可持续性。

在国际经济环境日益复杂的背景下，控制经营范围还具有防范外部市场波动对国内经济产生负面影响的功能。通过限制外国产品和服务的市场准入，国家能够减少外部市场的不确定性对国内经济的传导效应，增强整体经济的抗风险能力。这一措施不仅保护了本国企业免受外部竞争的冲击，还为国内市场的稳定和繁荣奠定了基础。通过限制外资的市场份额，国家确保了本国企业能够在相对稳定的环境中不断提升其技术水平和市场竞争力。

控制经营范围的政策反映了国家对外资企业的战略管理。在全球化的背景下，外资企业往往拥有更为先进的技术和更为雄厚的资本，若不加以适当的限制，可能会迅速占领本国市场，从而削弱国内企业的市场份额和竞争能力。通过对外资企业的市场参与进行严格监管，国家不仅为本国企业的发展提供了时间和空间，也为技术创新和产业升级创造了有利条件。

控制经营范围政策还具有广泛的经济和社会意义。通过维护国内市场的独立性,国家能够推动国内产业的持续健康发展,减少对外部技术和资本的依赖。同时,这一政策还能够提升本国企业的国际竞争力,为国家在全球经济中的地位提供坚实保障。控制经营范围作为保护贸易政策的关键组成部分,体现了国家在维护经济主权、推动自主发展的坚定决心,是确保国家经济安全的重要举措。

3.提供出口优待和补贴

提供出口优待和补贴的政策是一种积极的贸易手段,旨在通过对本国企业的支持,提升其在国际市场中的竞争力。此类政策通过对出口商品和服务的直接或间接援助,鼓励本国企业扩大出口,从而实现外汇收入的增加和国际市场份额的扩展。这一政策不仅对国内经济的发展具有重要意义,还在增强国家整体经济实力和现代国际贸易地位方面发挥了关键作用。

通过实施出口优待和补贴,国家能够在激烈的国际竞争中帮助本国企业脱颖而出,克服国际市场上的各种壁垒和挑战。通过降低企业的出口成本,增加其在价格、质量和服务等方面的优势,国家促进了本国产品和服务在全球范围内的广泛接受。这种政策不仅增强了国内企业的国际竞争力,还对国家经济的多元化和可持续发展起到了积极的推动作用。

出口优待和补贴政策具有更广泛的战略意义。通过提升本国企业在国际市场中的竞争力,国家能够在全球贸易体系中获得更大的话语权和影响力。这种政策不仅有助于推动国家在全球市场中的积极形象,还为构建更为平衡和公平的现代国际贸易秩序创造了条件。出口优待和补贴政策在促进国内经济增长的同时,也有助于提升国家的全球竞争力和国际影响力,是国家实现长期经济目标的重要工具之一。

通过这种对外贸易政策的实施,国家能够有效应对国际市场的复杂性和不确定性,确保本国在全球经济竞争中占据有利位置。这种优待和补贴措施不仅反映了国家对本国企业的战略支持,也体现了国家在推动经济全球化进程中的积极姿态和坚定立场。出口优待和补贴政策因此成为国家在全球贸易体系中维护自身利益和实现经济持续发展的重要手段。

第二节 关税措施及经济效应分析

一、关税的分类

关税是一种增加国家财政收入的措施,后来人们才认识到它是贸易政策的重要手段。关税具有强制性、无偿性和固定性,这是它同其他税收的共性特征,关税又具有区别于其他国内税收的特性。关税征收的对象是经过一国关境的进出口货物,其执行机构是海关。关税名目繁多,需要分类研究。海关征税的依据是关税税则。

关税可以按照征税对象的流向和差别待遇及特定情况等不同标准进行分类。

(一)按照征收的对象的流向分类

(1)进口税。进口税的主要功能在于当外国商品进入一国关境或从自由港、出口加工区、保税仓库进入国内市场时,通过海关征收关税,借此调节国内外市场的商品流通。进口税不仅是国家财政收入的来源之一,更是保护本国产业免受外部冲击的关键工具。通过对进口商品征收关税,可以有效地控制国外商品对国内市场的冲击,进而维护本国产业的竞争力与市场稳定。

进口税在执行过程中,根据进口商品的来源国或地区的不同,可以采用不同的税率。普通税率作为最基础的税率,适用于那些与进口国没有签订最惠国待遇条款的国家或地区,其税率通常较高,目的是对这些商品设置更高的进入门槛。最惠国税率则适用于与进口国签订了最惠国待遇条款的国家或地区的商品,这一税率较普通税率低,是现代国际贸易中常见的关税形式。普惠制税率作为对发展中国家的优惠政策,旨在通过降低进口税率,鼓励这些国家的商品进入国内市场,从而支持其经济发展。

通过对进口税的灵活运用,国家能够在现代国际贸易中实现多重目标。一方面,进口税能够有效保护本国新兴产业及其市场,防止外部竞争对其造成威胁;另一方面,通过普惠制税率的实施,进口国能够在国际经济体系中承担更多的社会责任,促进全球经济的均衡发展。同时,进口税的调整与制定,往往也是进口国在国际政治、经济及外交关系中的一种策略工具,能够在维护本国利益的同时,平衡与他国之间的贸易关系。

进口税作为一种复杂而多样化的税收工具,不仅仅在经济层面上发挥作用,更是国家整体发展战略中的重要组成部分。通过合理的进口税政策,国家能够在全球化背景下有效保护和推动本国经济的发展,同时在国际舞台上展现出其负责任的全球参与者形象。

(2)出口税。出口税是一种国家税收手段,主要由出口国的海关在本国商品输往国外时对出口商征收。尽管出口税在增加国家财政收入方面具有一定作用,但由于其直接增加了出口商品的成本,削弱了其在国际市场上的竞争力,多数国家在推动国际贸易的背景下已不再广泛使用这一手段。然而,对于少数具有垄断地位的商品,某些国家可能会采取酌量征收出口税的方式,以确保其出口利益不被削弱。

发展中国家在考虑国家经济利益和财政收入时,往往会通过征收出口税来调节原材料的出口。这样做的目的在于减少原材料的过度流出,避免对国内工业发展的不利影响,同时增加国家财政收入。通过出口税的调整,这些国家能够在全球贸易体系中保持一定的自主性,控制关键资源的流向,确保国家经济的稳定发展。

在全球化的背景下,跨国公司通过“转移定价”手段来逃避或降低税收的现象日益普遍,这对出口国的经济利益构成了潜在威胁。为应对这种情况,部分国家采取对跨国公司出口商品征收高额出口税的措施,以防止其利用定价策略规避税收,确保国家能够获取应有的税收收入。通过这一税收政策,出口国不仅可以维护自身经济利益,还能在全球贸易中扮演更为主动的角色。

出口税的实施与否往往受到多重因素的影响,包括国际市场的供需状况、国家财政状况以及整体经济政策等。在多数情况下,国家会慎重考虑出口税的适用范围,以平衡短期的财政收入和长期的经济发展。对于那些具有战略意义的资源和商品,出口税的合理应用不仅有助于保护国家利益,还能在国际市场上保持一定的竞争优势。因此,出口税作为一种复杂的经济工具,既能在特定条件下发挥重要作用,也需要结合国际市场和国家发展的实际情况进行审慎运用。

(3)过境税。过境税作为现代国际贸易中的一种关税形式,其征收主体为商品流通过程中的第三国,即非商品进出口的直接当事国。这种税收方式的特点在于,通过征收过境税,第三国能够在国际贸易中获得一定的经济利益,尽管其并不直接参与商品的买卖。过境税的征收通常发生在商品通过某一国家的关境时,即在商品从出口国运往进口国的过程中,必须经过的中间国家。这种税收机制的作用不仅限于为征税国提供财政收入,还能够在一定程度上调节国际贸易通道的选择。作为关税的一种形式,过境税对国际商品流通产生影响,可能导致贸易路线的调整或替代路径的选择。征税国通过合理制定过境税率,可以影响过境商品的流通量,从而在现代国际贸易网络中占据一定的主动地位。这种策略性税收政策既能强化国家经济自主权,也在一定程度上反映了征税国对现代国际贸易流动的控制能力。

此外,过境税的征收与国际关系密切相关,其税率和征收范围往往受到国际政治和经济局势的影响。国家在制定过境税政策时,通常需要综合考虑国际贸易伙伴的利益和现代国际贸易规则。通过灵活调整过境税率,征税国可以在国际贸易谈判中获取更多筹码,提升自身在国际贸易体系中的地位。因此,过境税作为一种独特的税收形式,不仅在国家财政收入中占据重要地位,还在现代国际贸易关系中发挥着不可忽视的作用。

(二)按照差别待遇及特定情况分类

(1)进口附加税。是进口国为了实现特定经济或贸易目的,在进口商品上加征的一种额外税收措施。与一般的进口税不同,进口附加税并未被纳入标准的《海关税则》体系,其适用和税率调整更多地依赖于国家的经济战略和政策需求。进口附加税的征收具有高度的灵活性和针对性,通常被视为应对国际经济波动、贸易不平衡以及维护国内市场稳定的重要工具。

进口附加税的主要目的是通过对进口商品的额外征税,调节国内市场与国际贸易的关系。这一措施常在国家面临国际收支危机、进出口贸易失衡或外国商品低价倾销等情况时实施。通过增加进口成本,进口附加税有效地限制了外国商品进入本国市场,从而维护国内产业和市场稳定。这种税收手段不仅具有经济效益,还能够在贸易谈判和国际关系中发挥重要作用,作为贸易歧视或报复的一种形式,用以应对他国不公平的贸易行为。

由于进口附加税不受世界贸易组织的严格约束,其征收更具自主性和独立性,赋予了国家更大的操作空间来应对外部经济压力和挑战。在全球贸易环境日益复杂的背景下,进口附加税作为一种保护性关税措施,日益成为国家调控进出口平衡、维护国内经济利益的重要手段。通过合理使用进口附加税,国家不仅能够有效抵御外部经济风险,还能增强国内市场的竞争力和经济韧性。这一税收政策的实施,体现了国家在国际经济秩序中的主动调控能力和自主权,具有重要的战略意义。根据不同的目的,进口附加税主要有反倾销税、反补贴税和报复关税等。

(2)差价税。差价税是一种关税措施,其主要目的是通过征收进口商品与国内同类商品之间的价格差额,抵消进口商品的竞争优势,进而实现对本国生产和市场的保护。差价税的独特之处在于其税额并非固定,而是随着国内外市场价格的差异进行动态调整,这种弹性税率的特性赋予了差价税滑动关税的性质,使其能够灵活应对国际市场价格的波动,保障国内市场的稳定性。

差价税的实际操作,通常包括两种方式:一是直接根据进口商品与国内商品的价格差额进行征收,这种方式的核心在于确保进口商品的价格不低于国内同类商品,从而有效削弱进口商品的价格优势,维持国内产品的市场竞争力;二是在征收一般关税的基础上,额外加征差价税,这种操作方式将差价税视为一种进口附加税,旨在通过增加进口成本,进一步削弱进口商品的市场渗透能力。

在全球贸易竞争日益激烈的环境下,通过对进口商品价格进行调控,差价税不仅有效地保护了国内市场,还为国家在制定贸易政策时提供了灵活的工具。差价税的存在为国内产业提供了必要的保障,确保其能够在激烈的国际竞争中保持稳定发展。

(3)特定优惠关税。特定优惠关税作为一种贸易政策工具,旨在通过对来自特定国家或地区的商品实施特别优惠的低关税或免税待遇,促进双边或多边经济合作与贸易往来。这种关税形式的实施通常基于签订友好协议、贸易协定等国际协定或条约，反映了国家间在特定经济或政治领域内的合作意愿。与最惠国待遇原则不同，特定优惠关税不适用于第三国或地区，且这些国家或地区无权依据最惠国待遇原则要求享受类似的优惠待遇。

特定优惠关税的实施形式，可分为互惠和非互惠两种。互惠形式强调相关国家或地区之间的对等性，即在一国对另一国给予关税优惠的同时，该国也应当给予相应的优惠待遇，从而体现了双边合作的平等和互利性。非互惠形式则表现为单方面的关税优惠，即一国在未要求对方国家提供同等优惠的情况下，给予其特定商品的低关税或免税待遇，这种形式常见于发达国家对发展中国家的一种经济援助政策，旨在帮助后者提升经济发展水平，扩大对外贸易。

此外，特定优惠关税的设定通常低于最惠国税率，这意味着享有该关税待遇的国家或地区在贸易成本上具有明显优势，从而能够在国际市场上获得更大的市场份额和经济收益。这种关税优惠不仅刺激了出口国的经济发展，也为进口国提供了更加多样化的商品选择，有助于平衡国内市场的供需关系，稳定物价水平。

(4)普遍优惠制度。普遍优惠制是一项旨在促进发展中国家经济发展的国际贸易政策，通过对来自发展中国家和地区的某些商品，特别是制成品和半制成品，包括某些初级产品，给予普遍的、非歧视的、非互惠的关税优惠待遇，帮助这些国家扩大出口、提高国际市场竞争力。普惠制的实施基于发达国家的承诺，即这些国家愿意通过降低或取消关税壁垒，为发展中国家提供更有利的贸易条件，从而支持其经济增长和社会发展。

二、关税经济效应分析

关税的经济效应是分析一国对外贸易政策的重点。[①]征收关税会引起商品价格、消费、生产、收入分配以及居民福利水平的一系列连锁反应。征收关税引起的这一系列反应叫作关税的经济效应。关税对贸易国家经济效

①刘鑫，薛潇．关税经济效应初探——以我国汽车产业关税保护政策为例[J]．华章，2010(16).

应的大小,取决于该国国内的供给与需求情况,也取决于该国在国际市场上的地位。如果一国某一商品的对外贸易量在国际贸易中所占的比重或份额非常小,以至于其进出口数量的任何变化都不足以影响该国商品的国际市场价格,则该国在该商品上是“贸易小国”;反之,如果一国某一商品的对外贸易量在国际贸易中所占的比重或份额非常大,以至于其进出口数量的任何变化都能引起该商品的国际市场价格发生变化,则称该国在该商品上是“贸易大国”。“贸易大国”在国际市场上有左右价格的能力,“贸易小国”在国际市场上始终是国际价格的接受者,两者的关税效应存在差别。

(一)贸易小国进口关税经济分析

由于贸易小国在国际市场中对价格没有任何影响力,征收关税后,虽然该国会因进口商品价格上涨而减少对进口商品的购买,但这一变动不会对世界市场价格产生任何影响。因此,征收关税后,国内市场价格的上涨部分就等于所征收的关税,即关税全部由国内消费者来承担,此时,国内市场价格等于征收关税前的世界市场价格加上关税。贸易小国进口关税经济主要从价格效应、生产效应、消费效应、贸易效应、财政效应和福利效应六个方面进行分析。

1.价格效应

价格效应是关税政策的直接结果之一,对进口商品的国内市场价格产生了显著的影响。关税的征收不仅是国家税收政策的一部分,更是调控国内市场秩序、保护本土产业的重要手段。通过关税的设置,进口商品在进入国内市场后,其价格因关税的增加而上升,这种价格变化便是价格效应的核心体现。在分析价格效应时,需明确国内市场价格、国际价格与关税之间的关系。征收关税前,进口商品的价格通常由国际市场价格决定,当关税被征收后,这一商品的国内市场价格将发生变化,具体表现为关税额的直接叠加。对小型贸易国而言,由于其在国际市场中缺乏定价权,国际市场价格不会因该国的关税政策而受到影响,因此国际价格保持不变,而国内市场价格则因关税的加入而提高。

价格效应的形成机制表明,关税的负担最终落在国内消费者身上。国内市场价格的上升意味着消费者为购买相同的进口商品需要支付更高的价格,从而降低了进口商品在国内市场中的竞争力。这种价格的上升,不仅在短期内削弱了进口商品的市场份额,也长期影响了国内市场的供需结构和消费行为。对于本土企业而言,价格效应所带来的竞争优势有助于其在与进口商品的竞争中获取更多的市场机会,从而促进国内产业的发展和扩展。

关税价格效应的广泛应用,不仅影响到商品的市场价格,还对消费者的消费决策、市场的供需平衡以及国家的经济结构产生深远影响。随着进口商品价格的上升,消费者可能会转向购买价格相对较低的本土商品,从而增加对国内产品的需求,带动国内生产的增长。与此同时,关税政策通过价格效应间接引导市场资源的重新配置,使得国家的经济资源更加集中于具有相对竞争优势的领域。

2.生产效应

生产效应深刻影响了进口国国内市场的供给结构与生产动态。关税的征收不仅改变了进口商品的价格,还对国内生产者的市场行为产生了显著的激励作用。当关税引发进口商品价格上涨时,国内市场的供需关系发生了相应调整,国内生产者随之受益于这一价格提升,并在市场上提供了更具竞争力的产品。

关税引发的生产效应直接体现为国内商品供给的增加。进口商品价格因关税而上涨后,国内生产者能够以相同价格出售其产品,在市场竞争中获得更大优势。这一现象不仅刺激了国内生产者扩大产能、提高供给,还在一定程度上降低了对进口商品的依赖性。生产效应通过关税的调节作用,使得国内市场的生产要素得到更有效的配置,资源向那些能够替代进口商品的本土产业集中,增强了这些产业的市场份额和竞争力。关税所带来的生产效应不仅是短期的市场反应,更对长期的经济结构调整具有重要意义。随着国内生产者在市场中的地位逐渐巩固,其生产能力和技术水平可能获得进一步提升,从而促进国内产业的升级和创新。在此过程中,关税政策通过对市场价格的调控,间接推动了国内经济的结构性优化,促进了本土产业的发展与壮大。

生产效应的显现不仅体现在生产数量的增加上，还影响到国内产业的整体竞争力。关税为国内生产者提供了保护屏障，使其能够在相对稳定的市场环境中进行扩展和创新。这种保护效应增强了本土企业的市场适应能力，使其在面对国际竞争时更加从容。通过扩大市场份额和优化生产结构，国内企业的国际竞争力得以提升，为国家的经济增长奠定了坚实基础。

生产效应还与国内市场的供需平衡密切相关。关税提高了进口商品的市场价格，使得国内消费者在购买决策中更加倾向于选择本土生产的替代品。这种消费行为的转变不仅促进了国内生产的增长，还帮助实现了市场的供需平衡。在这种背景下，关税政策通过生产效应的发挥，达到了调控国内市场、保护本土经济的目的。

3.消费效应

消费效应作为关税政策实施后的直接结果，揭示了关税对进口国国内市场消费行为的深刻影响。关税的征收导致进口商品价格上涨，理性的消费者在面临价格变化时，通常会减少对高价商品的需求。这一变化不仅反映了消费者对价格敏感性的反应，也体现了关税政策在调控市场供需方面的实际作用。关税引发的消费效应表明，当进口商品价格因关税而提高时，国内消费者的购买力受到削弱，进而导致市场需求的下降。此时，国内商品的需求量呈现出一定程度的减少，具体表现为市场需求从较高水平下降至较低水平。这种需求的减少直接反映了关税对消费行为的约束作用，显示出价格调整对消费市场的显著影响。虽然需求下降可能在短期内降低了进口商品的市场份额，但从长远来看，这种价格敏感性也为关税政策提供了调控消费倾向的有效手段。

消费效应不仅影响市场需求量，而且对国内消费者的消费结构和消费习惯也会产生深远影响。通过关税的设置，国家可以引导消费者更倾向于本土商品或替代品，从而调整市场的整体消费结构。这种消费倾向的引导，有助于减少对进口商品的依赖，推动国内产业的发展。尽管消费效应在一定程度上可能导致社会福利水平的下降，但其积极意义在于通过价格信号的传递，引导消费者做出符合国家经济利益的消费决策。

关税的消费效应大小受到进口国需求价格弹性的直接影响。需求价格弹性较大的商品在关税征收后，消费数量减少的幅度更为明显，消费效应也更为显著。反之，若价格弹性较小，关税对消费行为的影响则相对有限。国家在制定关税政策时，应充分考虑需求价格弹性的差异，以实现对消费市场的精准调控。在这一过程中，消费效应的强弱不仅影响市场的供需平衡，也对国家整体经济政策的实施效果产生关键作用。

4. 贸易效应

贸易效应是关税政策实施后对进口商品产生的综合影响，其核心在于关税对进口商品需求的抑制以及由此带来的进口量变化。征收关税使得进口商品价格上升，导致进口国对这些商品的需求减少，这种需求的下降不仅体现在减少的进口量上，还包括国内生产增加所替代的部分以及消费减少所引起的部分。贸易效应因此可以理解为进口量的整体减少，具体表现为初始进口量与关税实施后实际进口量之间的差异。

贸易效应的大小在理论上与保护效应和消费效应密切相关。保护效应指的是由于关税提高了国内市场价格，从而刺激了国内生产的增长；消费效应则表现在由于进口商品价格上涨，国内消费者的需求减少。这两者的叠加效应在一定程度上决定了贸易效应的最终表现形式，即贸易量的变化。因此，贸易效应的强弱不仅反映了关税对国内市场供需结构的调节作用，还揭示了关税对进口量的直接影响。影响贸易效应的因素主要包括进口国的供求价格弹性和汇率变动。

(1)供求价格弹性。供求价格弹性反映了市场对价格变化的敏感程度，价格弹性较大的商品在关税实施后，其进口量的变化更为显著，从而使得贸易效应更为明显。价格弹性较小的商品则反之，其贸易效应的变化幅度相对较小。

(2)汇率变动。由于国际贸易中涉及多国货币的结算，汇率的波动也在一定程度上影响了贸易效应的表现。若本国货币相对于外国货币贬值，进口商品以本国货币计算的价格将上升，这一现象不仅提高了完税价格，也使得关税税额相应增加，最终导致贸易效应的增大。反之，当本国货币升值时,进口商品的相对价格下降,贸易效应则相应减弱。

供求价格弹性和汇率波动作为影响贸易效应的重要变量,进一步凸显了关税政策实施时需考虑的多重因素。贸易效应作为关税政策实施后对进口量的直接反馈,反映了国内市场对外部经济变化的适应能力和反应速度,同时也为国家在制定贸易政策时提供了关键的参考依据。在全球化背景下,理解贸易效应对于制定更加有效的关税政策具有重要意义。

5.财政效应

财政效应是关税政策实施后对国家财政收入所产生的直接影响,主要表现为关税收入的增加。通过对进口商品征收关税,政府获得了一种稳定且持续的收入来源。这种收入不仅在财政预算中占据重要地位,还在一定程度上反映了国家对外贸易政策的有效性。关税收入的增长与进口商品的税率以及进口量密切相关,税率越高或进口量越大,关税收入也越显著。然而,关税政策对财政效应的影响并非线性,因为关税的实施会对进口量产生抑制作用,进口量的减少可能导致关税收入的增长趋缓,甚至出现收入减少的情况。

财政效应不仅体现在关税收入的增加上,还涉及关税收入的合理分配与使用。政府通过关税收入可以支持公共支出,尤其是在基础设施建设、社会福利保障等方面的投资。同时,关税收入的运用也为国家进行经济结构调整提供了资金保障,促进了国内产业的升级与转型。在一些发展中国家,关税收入甚至构成了政府财政收入的主要来源,为国家的经济发展提供了重要的支持。然而,关税政策如果过度依赖高额关税收入,可能会对国家经济产生负面影响,导致贸易保护主义的抬头,抑制市场的自由竞争。

此外,财政效应在国际经济环境中的表现受到汇率波动的影响。汇率的变化直接影响进口商品以本国货币计价的成本,从而影响关税收入的实际价值。汇率贬值使得进口商品价格上升,尽管关税税率不变,但以本国货币计算的关税收入将增加。反之,汇率升值则可能削弱关税收入的增长势头。因此,汇率与关税政策之间的互动关系在分析财政效应时不容忽视。

在全球贸易体系下，财政效应不仅是衡量关税政策成功与否的指标，也反映了国家在现代国际贸易中的经济实力与政策执行力。通过对财政效应的深入理解，政府可以更好地制定和调整关税政策，以实现财政收入的稳定增长和经济发展的协调推进。在全球经济竞争日益激烈的背景下，确保财政效应的积极发挥，对于维护国家经济利益、促进社会进步具有重要意义。

6.福利效应

福利效应作为衡量关税政策对社会整体福利影响的重要指标，涵盖了关税对国内生产者、消费者以及政府财政的多重影响，最终反映在国民经济的福利总量变化中。

(1)关税对国内生产者起到了保护作用。由于进口商品价格的提高，国内同类商品的竞争力相对增强，生产者能够在提高价格的同时扩大生产规模，从中获得更高的生产者剩余。因此，关税对生产者福利的提升具有明显的促进作用。这种生产者剩余的增加并不能完全抵消消费者剩余的减少，特别是在需求价格弹性较大的情况下，消费者的福利损失可能更加显著。

(2)关税政策对消费者的影响表现为因进口商品价格的提高而导致的消费者福利下降。当进口商品价格上升，国内市场中的消费选择相应减少，消费者在支付更高价格的同时，消费的效用水平降低，导致消费者剩余减少。这种减少尤为显著，尤其是在进口商品需求弹性较高的情况下，消费者的反应更为敏感，减少消费数量的程度更大，从而进一步放大了福利损失。

(3)关税的实施为政府带来了财政收入，这一收入在经济分析中被视为一种转移支付，即从消费者与进口商处收取的关税直接转化为政府的收入。政府可以利用这部分收入来支持公共支出，特别是在改善基础设施、提供社会服务等方面，从而间接提升社会福利水平。尽管如此，关税收入的增加并不足以完全弥补因消费减少而引起的福利损失，特别是在进口商品的需求弹性较高时，关税收入的增长可能相对有限。

(二)贸易大国进口关税的经济分析

贸易大国征收关税与贸易小国的情况不同。贸易大国可以影响国际市场价格,它可以借助自己在购买方面的实力,将征收关税的损失转嫁给出口商,这样,大国征收的进口关税并不是全部由进口国的消费者承担的。因为贸易大国如果对进口商品征收关税,进口量会大幅下降,造成国际市场价格的下降,所以,国内该商品的价格上升的幅度要低于关税税率。对贸易大国进口关税的经济分析需从多个角度进行探讨,以全面理解其对经济运行的深远影响。

第一,贸易大国实施进口关税影响全球商品的供需格局。由于贸易大国在国际市场上占据较大比重,其关税政策直接影响到进口商品的全球价格水平。关税的征收使得国内市场价格上升,国内生产者受益于此,能够在提高产量的同时扩大市场份额,从而进一步巩固国内产业的竞争优势。

第二,虽然关税提高了国内商品的生产者剩余,但消费者由于商品价格的上涨面临更高的生活成本,导致消费者剩余减少。这种影响在需求价格弹性较高的商品中尤为显著,消费者可能选择减少购买或转向替代品,从而降低进口商品的总体需求量,进而影响整个社会的福利水平。政策制定者在设置关税时需权衡消费者和生产者之间的利益,以避免不必要的社会福利损失。

第三,关税作为一种税收形式,为国家提供了稳定的财政收入来源,这些收入可用于国家基础设施建设、社会服务改善等方面,有助于提升公共服务质量和社会整体福利水平。关税收入在一定程度上弥补了消费者福利的减少,并通过财政政策的再分配效应,促进了经济的均衡发展。然而,关税收入的增加并不能完全抵消消费者福利的损失,尤其是在全球贸易链条高度依赖进口的情况下,这种影响可能更为显著。

贸易大国的关税政策不仅影响国内经济,还对全球贸易格局和其他国家的经济利益产生重要影响。随着全球化的发展,关税政策的制定需更加谨慎,以平衡国内生产者的利益与全球贸易伙伴的关系,避免引发贸易争端和经济摩擦。在制定关税政策时,政策制定者应充分考虑关税对全球市场的潜在影响,确保关税政策在推动国内经济增长的同时,维持国际贸易的稳定与平衡。通过科学合理的关税政策,贸易大国可以实现国内产业的有效保护,提升国家整体经济竞争力,并在全球经济体系中发挥积极作用。

(三)关税的经济效应的现代分析方法

在现代国际贸易的研究范畴内,关税的经济效应分析方法经历了显著的演进。关税作为一种传统的贸易政策工具,其对经济的影响是多方面的,包括但不限于对国内消费者、生产者、政府收入以及国际贸易平衡的影响。现代分析方法强调了对关税效应的全面评估,这包括了对关税保护效果的定量分析、动态评估。

第一,在定量分析方面,现代经济学采用了多种经济模型和计量经济学工具来评估关税的经济效应。这些模型和工具能够模拟关税变化对市场供需、价格水平以及福利分配的影响。例如,一般均衡模型能够提供关税变化对整个经济系统的综合影响分析,而局部均衡分析则专注于关税对特定市场或产业的影响。

第二,在动态评估方面,关税的经济效应分析包括了对关税政策实施后市场调整过程的研究。现代分析方法认识到,关税政策的实施可能会导致市场参与者行为的改变,如生产者可能会调整生产规模或改变生产方式,消费者可能会改变消费模式,这些行为的改变反过来又会影响关税的实际效应。

现代关税经济效应的分析方法体现了对复杂经济现象的深入理解,以及对政策效应多维度考量的重视。这种方法论的发展,为政策制定者提供了更为科学和精确的工具,以评估和优化关税政策,促进经济的健康发展。

第三节 非关税壁垒及经济效应分析

一、非关税壁垒

非关税壁垒是指一国政府为限制进口所采取的除关税以外的各种法律、行政规定及措施,是与关税壁垒相对而言的。随着经济全球化和贸易自由化的不断深入发展,非关税壁垒已逐渐取代关税壁垒成为一国实施贸易保护的工具。[①]

①宋洁.非关税壁垒[J].时代金融(下旬),2013(7).

(一)非关税壁垒的作用

1.实施贸易歧视的手段

非关税壁垒通过设定限制性标准和程序,阻碍外国产品的市场准入,从而形成对进口商品的隐性歧视。这种歧视通常表现为对来自特定国家或地区的商品实施更为严格的标准和规定,使得这些商品在进入目标市场时面临额外的技术和行政障碍。这些措施不仅能够有效保护本国产业免受外国竞争的冲击,同时也可能对发展中国家的出口造成不利影响,限制其产品在全球市场的竞争力。

此外,非关税壁垒还通过操控市场准入条件和标准,影响市场上的竞争环境。例如,某些国家可能会以较高的技术或安全标准作为条件,要求进口商品必须符合这些标准才能进入市场。这种做法在理论上旨在保护消费者利益和维护市场秩序,但在实际操作中,也可能被用作保护本国企业利益的工具,形成对外国商品的不公平待遇。

这种贸易歧视手段的存在,虽然在一定程度上可以促进国内产业的保护和发展,但也可能引发现代国际贸易争端和摩擦。对发展中国家而言,这种歧视性措施不仅限制了其市场准入机会,还可能抑制其经济增长和市场扩展,进一步加剧全球贸易不平等。因此,尽管非关税壁垒可以在短期内实现贸易保护的目标,但其长期影响和国际贸易体系中的作用,需要综合考虑并进行适当规范,以营造公平和可持续的现代国际贸易环境。

2.保护并发展国内特定产业

产业政策不仅涉及对国内产业的保护与发展,还涵盖了如何在国际市场中有效地进行竞争。产业贸易政策,作为产业政策的一个重要组成部分,主要包括对进口、出口、国际竞争和国际分工等方面的调控。

在进口保护政策中,尤其对于初创和发展中的产业而言尤为关键。由于技术水平、人员素质和设备条件的限制,新兴产业的商品成本通常较高,这使得这些产业在与国际市场竞争时处于不利地位。如果高质量且低价格的外国产品进入市场,可能会迅速挤压本国产品的市场份额,对新兴产业形成巨大压力。在这种情况下,采取非关税措施如数量限制,可以有效阻止外国产品的大量涌入,保护国内新兴产业免受不公平竞争的冲击。

通过实施这些保护性措施,国内产业可以在一定的保护圈内逐步发展和壮大。这种策略不仅有助于减轻外部竞争的压力,还为国内产业的技术提升、管理水平改进和市场开拓创造了条件。长期而言,这种保护可以为产业的自主创新和技术进步提供时间和空间,使其能够在国际市场上具备更强的竞争力。非关税保护措施的实施必须在符合现代国际贸易规则的框架下进行,以避免引发贸易争端或受到国际社会的反对。有效的产业政策应当在保护国内产业的同时,促进产业的国际化发展和市场导向,使产业在全球竞争中具备可持续性和创新能力的特征。

因此,通过合理运用非关税措施,产业政策不仅能够有效保护和支持新兴产业的成长,还能为其在全球市场上的竞争力提升奠定基础。这种策略有助于实现经济的长期增长和结构优化,为国家经济的持续发展提供坚实保障。

3.保护国际收支平衡

国际收支平衡的维护主要依赖于现代国际贸易平衡与国际资本流动平衡的协同作用。当国际贸易出现不平衡时,国际收支自然会受到波动。在进口结构方面,若国际市场对某类商品的需求出现显著变化,可能会影响某些国家的出口结构。如果这些变化波及该国的主要出口商品,而该国的国内商品结构无法迅速适应,且进口商品又未受到有效限制,则贸易不平衡的风险将随之增加,最终导致国际收支失衡。此外,在进出口速度的对比上,若一段时期内进口增长率显著超过出口增长率,同样会导致国际贸易逆差,进而影响国际收支平衡。因此,要维持国际收支的平衡,必须从进出口的结构和速度两个方面进行控制,而在这一过程中,非关税壁垒成了一种有效的调控手段。通过对特定商品的进口设限或施加其他非关税措施,能够在一定程度上调节国际贸易中的不平衡现象,从而维护国际收支的总体稳定。

4.涉外谈判的一种手段

非关税壁垒措施在涉外谈判中被广泛应用,作为争夺国外市场的有力工具,具有显著的战略意义。在现代国际贸易谈判中,这些措施不仅发挥着经济调控的作用，往往还与政治外交紧密结合，成为国家之间施压和回应的手段。在特定的国际关系背景下，非关税壁垒不仅被用作保护本国产业的屏障，还经常被用以实现更为复杂的外交目标。然而，尽管非关税壁垒在保护进口国经济利益方面表现出积极作用，其过度使用可能导致一系列负面后果，如引发国际贸易报复或阻碍全球贸易的正常发展速度。国家在制定和实施这些措施时，需要权衡其短期收益与长期影响，以确保其对现代国际贸易环境的积极促进作用，并避免因过度保护而带来的不利影响。

5.保护国民身体健康及保护生态环境

在全球经济快速发展的背景下，公众对商品质量和生态环境保护的要求日益提升。各国政府在进口商品的管理上不断提高标准，以确保这些商品能够符合对国民健康和生态环境的要求。这一趋势不仅体现了国家对公共道德和健康的关注，也反映了对生态保护的重视。各国普遍实施的进口商品检查标准，旨在确保进口商品不会对国民健康造成危害。例如，某些商品可能含有对人体有害的化学物质或病原体，若未经严格检测，可能会对消费者健康构成威胁。因此，国家通常会设立严格的检验程序，以排除这些不符合健康标准的商品。

此外，生态环境保护也是各国进口商品管理的重要考虑因素。进口商品的生产过程、包装材料及废弃物处理等方面可能对环境造成影响。例如，一些商品可能含有对环境有害的物质，或在生产和运输过程中产生大量废弃物。为此，各国通过设立环境标准和限制措施，确保进口商品不会对生态系统造成破坏，从而维护生态平衡。

这些措施不仅保护了国民的健康，还促进了可持续发展的目标。通过控制进口商品的质量和环境影响，各国能够在享受经济发展的同时，避免对健康和环境的负面影响。这种政策不仅有助于提升国家的公共健康水平和环境质量，还能促使现代国际贸易往更加健康和可持续的方向发展。

(二)非关税壁垒的特征

1.灵活性

与关税措施相比，非关税壁垒的制定和实施通常不受严格的立法程序限制，而是通过行政手段迅速加以调整和应用。这种灵活性使得相关政策能够根据国际市场动态和国家经济利益的变化进行及时修订，从而有效应对各种外部挑战。国家可以通过非关税壁垒的灵活操作，迅速调整进口商品的数量和种类，保护国内产业免受国际竞争的冲击，同时增强对外贸易谈判的主动性和灵活度。这一特性不仅赋予了非关税壁垒在短期内调控市场的能力，也为长期战略目标的实现提供了重要保障。

2.针对性

不同于关税措施的普遍适用性，非关税壁垒能够根据具体的国家、行业或商品类别进行精确设定，体现出高度的定向调控能力。通过这种针对性措施，国家能够在保护本国经济利益的同时，灵活应对国际市场的竞争和变化。非关税壁垒可以被精确地施加于特定的进口商品，从而有效保护国内产业免受外部冲击，同时也可以在特定的外交或经济背景下，针对特定国家实施限制，作为实现更广泛战略目标的手段。此类措施的针对性不仅强化了其有效性，还赋予了国家在国际经济博弈中的主动权，为维护本国市场秩序和经济安全提供了强有力的支持。

3.隐蔽性

非关税壁垒的隐蔽性在国际贸易中展现出其独特的复杂性与有效性。不同于显性的关税措施，非关税壁垒往往通过复杂的技术性或行政性手段实施，具备一定的隐蔽性，使其在表面上不易被识别或直接反映为贸易壁垒。这种隐蔽性使得国家能够在不明显违反现代国际贸易规则的情况下，灵活地保护本国产业免受国际竞争的冲击。通过技术标准、检验检疫程序、许可证制度等方式，非关税壁垒可以悄然施加限制，减少进口商品的市场份额，从而在不引发直接冲突的前提下，实现国家的经济战略目标。这种隐蔽性增强了国家在现代国际贸易中的操作空间，同时也为国家在现代国际贸易谈判中提供了更多的策略选择，有助于在复杂的国际经济环境中维护自身利益。

4.歧视性

非关税壁垒的歧视性在国际贸易中表现出对不同国家和商品实施不平

等待遇的特征。这种歧视性源于非关税壁垒可以根据国家利益或政治目的,针对特定国家或商品类别制定差异化的限制措施。这一特征使得非关税壁垒在现代国际贸易中不仅仅是经济工具,还常常被用作外交或政治施压的手段。通过对某些国家的商品设置更为严格的标准或更复杂的审批程序,非关税壁垒能够在保护国内市场的同时,向其他国家传递特定的信号。这种歧视性使得非关税壁垒在现代国际贸易中更具策略性和针对性,但也可能引发国际争端或贸易报复,因此需要谨慎运用。歧视性特征使得非关税壁垒成为国家在国际经济舞台上的重要工具,同时也考验着国家在国际规则与自身利益之间的平衡能力。

(三)非关税壁垒的现代发展趋势

随着全球贸易自由化进程的推进,非关税壁垒因其灵活性和有效性而受到越来越多国家的重视。一方面,非关税壁垒可以在保护国内产业、维护国家安全、保障消费者健康和保护环境等方面发挥作用;另一方面,非关税壁垒也可能导致贸易成本上升,影响中小企业参与国际贸易的能力。现代非关税壁垒的发展趋势体现在以下几个方面。

1.技术性贸易壁垒的增加

技术性贸易壁垒的增加是现代国际贸易中一个日益显著的现象。随着全球消费者对健康、安全、环保等方面的要求不断提升,各国政府为了保护国民福祉和环境可持续性,制定了一系列复杂的产品标准和合规要求。这些技术性措施包括但不限于产品安全标准、环境标准、标签和包装规定以及复杂的合格评定程序等。技术性贸易壁垒对出口国,尤其是发展中国家的出口商构成了较大挑战。这些壁垒不仅增加了生产成本,还可能导致市场准入难度加大,从而影响出口国的国际市场竞争力。技术性贸易壁垒的隐蔽性和复杂性使得它们成为国际贸易中难以逾越的障碍。技术性贸易壁垒通常以保护消费者和环境的名义出现,但实际上可能成为保护国内市场、限制外国竞争的手段。

2.环境和可持续发展要求的上升

环境保护和可持续发展成为全球共识,越来越多的国家通过设置环境标准和认证要求来限制某些产品的进口,以促进绿色贸易和可持续发展。为了应对气候变化和环境恶化的挑战,许多国家开始实施更为严格的环境保护措施。这些措施包括对进口产品的碳足迹、能源效率和可回收性的要求,以及对某些对环境有害的产品的禁令或限制。这些政策旨在促进绿色贸易和可持续发展,但同时也可能导致贸易成本的上升和市场准入的复杂化。

3.服务贸易壁垒的兴起

随着服务贸易的增长,各国政府开始更加关注保护国内服务业免受外国竞争的影响问题。这些壁垒可能包括对外国服务提供者的限制、对外国投资的限制以及对跨境服务提供的限制。这些措施可能旨在保护国内就业和促进国内服务行业的发展,但也可能限制了服务贸易的潜力和效率。

4.数字化和电子商务的挑战

随着互联网的普及和电子商务平台的兴起,商品和服务的跨境交易变得更加容易和快捷。然而,这也带来了一系列新的非关税壁垒,如数据流动的限制、电子支付的监管以及消费者权益保护等问题。这些壁垒可能影响电子商务企业的运营,并限制了数字贸易的潜力。

二、非关税经济效应分析

非关税壁垒措施对国际贸易的发展起着一定的阻碍作用,在本质上与关税壁垒措施是一致的。但由于非关税壁垒措施种类繁多,涉及的范围非常广,常常涉及各国国内经济政策、对外政策,所以分析非关税壁垒措施对有关国家的影响要比关税措施更为复杂。

(一)进口配额的经济效应分析

进口配额作为非关税壁垒的一种形式,对经济产生了深远的影响,其经济效应可以从多个层面进行分析。

第一,进口配额通过对某类商品进口数量的限制,直接影响市场供给。配额实施后,外国商品的进口被限定在一定的数量范围内,这一措施有助于减缓国外竞争对国内生产者的冲击。通过减少外国商品的市场份额,进口配额能够为国内企业提供保护,允许其在较为宽松的竞争环境中提升生产能力和市场占有率。这种保护对于那些尚未具备国际竞争力的行业尤为重要,能够为其发展和技术进步创造条件。

第二,进口配额的实施会影响市场价格。由于进口商品数量的限制,市场上的竞争减弱,可能导致价格上涨。价格的上升直接影响到消费者福利,使得消费者在购买商品时面临较高的成本。此外,国内生产者在获得配额保护的同时,可能缺乏足够的竞争压力,从而降低了其提高生产效率的动力。这种价格上涨不仅削弱了消费者的购买力,也可能对国内市场的总体经济稳定性产生负面影响。

第三,进口配额的经济效应体现在其对国际贸易关系的影响上。配额的设置可能被视为对外国商品的不公平限制,从而引发贸易伙伴的不满和反制措施。国际贸易环境因此可能变得更加紧张和复杂,贸易争端的风险增加。此外,配额的实施和管理往往涉及复杂的行政程序和资源分配,这不仅增加了管理成本,还可能导致资源配置的低效。这种管理上的复杂性和资源浪费进一步影响了市场的整体效率,增加了经济运行的成本。

(二)配额和关税的比较分析

进口配额和关税作为调控国际贸易的主要工具,在经济效应上虽然存在一定的相似性,但其作用机制、保护效果和管理方法各具特点,体现了不同的政策操作方式和经济影响。

1.两者的作用机制不同

在作用机制上,进口配额通过直接限制特定商品的进口数量来实现对市场的调控。配额的设置不涉及具体的税率,而是规定了允许进口的数量上限,这种数量限制性措施直接影响商品的市场供给。相对而言,关税则通过对进口商品征收一定的税率来影响市场。这种税收机制提高了进口商品的成本,从而通过价格杠杆作用减少进口需求。关税的机制更多地依赖于市场价格的调节,通过税收增加了进口商品的市场价格,从而影响消费者的购买行为和进口商的决策。

2.两者的保护作用不同

在保护作用上，进口配额的直接效果是限制外国商品的市场份额，提供国内生产者一个相对宽松的竞争环境。这种保护措施能够有效减少外部竞争对国内产业的压力，使国内生产者在较少的竞争压力下提升其市场地位和产业竞争力。配额的实施为国内生产者创造了一个受限的市场空间，以便其能够在一定时间内提高自身的生产能力和技术水平。与之相比，关税通过增加进口商品的价格来减少进口需求，从而实现对国内市场的保护。虽然关税同样有助于减轻外部竞争的压力，但其保护效果通过价格调节机制表现出来，这种方式可能导致价格上涨，从而影响消费者福利。

3.两者的管理方法不同

在管理方法上，进口配额的实施和管理通常涉及复杂的配额分配程序，需要对特定商品的进口数量进行精确的控制和监管。配额的分配可能涉及行政审批和许可制度，这种管理方式可能导致资源分配的不均衡和行政成本的增加。配额的灵活调整和管理需要关注各方的利益关系，并可能引发贸易争端。相比之下，关税的管理方法较为简单直接，通过税率的设定和调整实现对进口商品的调控。关税政策的调整可以通过立法程序进行，其管理方法相对规范化，实施过程中涉及的行政成本和操作复杂性较低。

第四节 鼓励出口与出口管制措施

一、鼓励出口措施

（一）出口信贷

出口信贷作为国家推动商品出口、提升出口商品竞争力的重要政策工具，通过银行向本国出口商或外国进口商提供低息贷款，旨在缓解资金周转困难或满足进口方的付款需求。其核心功能在于，通过降低贷款成本，鼓励国内出口厂商扩大生产和销售，从而提升其在国际市场上的竞争优势。同时，出口信贷也为外国进口商提供了融资便利，促进了国际交易的顺利进行。

1.出口信贷的分类

(1)出口信贷的分类依据时间长短的不同,可细分为短期信贷、中期信贷和长期信贷,各自具有不同的适用范围和功能。

第一,短期信贷通常指贷款期限不超过一年,其主要目的是支持原材料、消费品及小型机器设备的出口。这种信贷形式适用于流动性要求较高的交易,帮助企业迅速解决资金周转问题,以便及时完成订单并维持生产运营。短期信贷因其较短的还款周期和相对较低的风险,常被用于短期市场需求的应对和快速资金需求的满足。

第二,中期信贷的贷款期限一般为1~5年,适用于中型机器设备的出口。此类信贷形式提供了相对较长的偿还期,使得企业能够在较长时间内分期偿还贷款。这种信贷主要支持需要较长生产周期或较大投资额的中型机械设备的出口。通过中期信贷,企业能够在不影响日常运营的情况下,完成大额投资,并在市场中获得竞争优势。

第三,长期信贷则通常为5~10年,甚至更长时间的贷款期,用于大型成套设备和船舶、飞机等运输工具的出口。长期信贷为高额且复杂的出口项目提供了必要的融资支持。这种信贷形式能够帮助企业承担长期投资带来的财务压力,并确保大型设备和运输工具的顺利出口。通过长期信贷,企业能够有效分摊贷款还款负担,同时推动重大设备的销售和国际市场的拓展。

(2)出口信贷按借贷关系可以细分为卖方信贷、买方信贷和混合信贷。

第一,卖方信贷是指出口方的银行直接向本国出口厂商提供的贷款。这种信贷形式的贷款合同由出口厂商与银行签订,主要用于成交金额较大且交货期限较长的项目。在这类交易中,进口方通常要求分期或延期付款,出口厂商为了加速资金周转并顺利履行合同,常需要依赖银行贷款。卖方信贷通过提供分期或延期付款的方式,有效促进了商品的出口,帮助出口厂商解决资金链压力,并提升其市场竞争力。

第二,买方信贷是出口方银行直接向进口商或进口方银行提供的贷款。这种信贷的特征在于贷款的使用受到约束,必须用于购买债权国的商品，因此也被称为约束性贷款。通过买方信贷，进口商能够获得所需的资金以购买出口商品，这不仅促进了进口商对出口商品的需求，也保障了出口商的销售额。买方信贷通过向进口商提供融资支持，降低了进口方的资金压力，从而推动了国际交易的顺利进行。

第三，混合信贷是一种将卖方信贷或买方信贷与政府对外援助贷款或赠款相结合的融资方式，有时被称为挂钩援助贷款。混合信贷中的出口信贷部分由本国的出口信贷机构或商业银行提供，而援助资金完全由政府出资。这种贷款方式的利率通常较低，期限较长，条件更为优惠，从而增强了本国出口商品的国际竞争力。混合信贷不仅支持了出口厂商的资金需求，还通过优惠的贷款条件和政府的支持，促进了设备等高附加值商品的出口，体现了政府在推动出口和国际合作方面的积极作用。近年来，混合信贷的快速发展反映了其在国际经济活动中日益重要的地位。

这三种出口信贷形式各具特色，通过满足不同的融资需求和交易条件，有效地支持了现代国际贸易的发展，优化了出口融资结构，并提升了出口商品在全球市场中的竞争力。

2. 出口信贷的特点

(1)出口信贷必须与特定的出口项目紧密相关，即贷款资金必须全部或大部分用于购买提供贷款国家的商品。这一要求确保了贷款资金直接用于推动国家的商品出口，从而促进了本国经济的发展和国际市场的拓展。

(2)出口信贷的利率通常低于国际金融市场的贷款利率，这一利差由出口国政府通过补贴的方式予以弥补。通过提供低利率贷款，政府能够降低出口商的融资成本，增强其在国际市场上的价格竞争力。这种利率优惠不仅有助于减轻出口商的财务压力，还提升了国家商品在全球市场中的竞争优势。

(3)出口信贷的贷款金额通常仅占买卖合同金额的80%～85%。这一比例安排要求进口商在交易初期支付15%～20%的合同金额作为现汇。这种结构的设计旨在确保交易的资金安全和交易过程的稳定性，减少了对贷款资金的过度依赖，并为交易双方提供了更高的资金保障。

(4)出口信贷的发放通常与出口信贷保险或担保机制相结合,以避免或减少潜在的信贷风险。通过引入保险或担保,贷款机构能够获得额外的保障,从而降低了可能的违约风险。这种风险管理措施不仅保护了贷款方的利益,还为出口商提供了额外的安全保障,有效推动了现代国际贸易的顺利进行。

这些特点展示了出口信贷在支持国际贸易、促进经济发展的综合作用,通过确保资金的合理流向、降低融资成本、提供资金保障和风险防范,发挥了关键的促进作用。

(二)出口补贴

出口补贴又称出口津贴,是一国政府为了降低出口商品的价格,增强其在国际市场上的竞争能力,在出口某种商品时给予出口厂商以现金补贴或财政上的优惠。出口补贴方式包括直接补贴和间接补贴。

1.直接补贴

直接补贴是一种政府支持出口厂商的重要政策工具,其核心在于通过直接的现金支付来弥补因低于国内市场价格出口商品而产生的损失。这种补贴机制旨在确保出口厂商在低价出口的情况下能够维持一定的利润水平,防止其因价格低廉而遭受经济损失。

直接补贴的金额通常为该商品在国内市场价格与国际市场价格之间的差额。这一措施通过政府的财政支持,帮助出口商在国际市场上以低于国内市场的价格进行销售,同时弥补因价格差异带来的亏损。通过这种方式,政府能够有效促进出口,支持国内生产的商品进入国际市场,增加其市场份额。这一补贴机制在第二次世界大战后得到了广泛应用,尤其是在美国及一些西欧国家对农产品出口的政策中表现突出。这些国家面临的情况是,农产品生产成本较高,导致国内市场价格通常高于国际市场价格。为了避免这些国家的农产品因高生产成本而无法在国际市场上竞争,政府采取了直接补贴的方式,补偿生产商因按国际市场价格出售产品而产生的经济损失,从而实现了农产品的顺利出口。

直接补贴不仅在保障出口厂商利益方面发挥了关键作用,也促进了出口产品的国际市场扩展。通过政府的支持，出口厂商能够以更具竞争力的价格进入国际市场，提升其市场竞争力，增加出口量，同时确保生产过程中的经济稳定性。这种政策工具在支持国内生产、扩大国际市场份额方面具有显著的积极效应。

2.间接补贴

间接补贴是政府通过提供财政优惠来支持出口商品的一种政策手段。这种补贴形式通常涵盖税收减免、运费补贴、物资供应优惠以及汇率政策调整等方面。其主要目的是通过减少税费支出和降低生产成本，增强出口商品的国际竞争力，促进出口的增长和扩大市场份额。政府可能通过降低出口商品的税收负担来减轻企业的税费支出，从而减少整体生产成本。运费补贴则旨在降低商品运输过程中的费用，使出口商品在国际市场上的价格更具竞争力。此外，物资供应的优惠政策可确保生产原材料和资源以低于市场价格的条件供应，进一步降低生产成本。汇率政策的调整通过优化汇率水平，使得出口商品在全球市场上具有价格优势，从而推动出口。

无论是在工业生产技术相对落后的发展中国家，还是在技术先进的发达国家，这种补贴方式都在不同程度上被应用。间接补贴可能导致市场的不正当竞争，使得一些国家的商品在国际市场上获得不公平的价格优势。为了维护国际贸易的公平性，许多国家对这些补贴措施实施了禁止或限制性政策。

为应对其他国家实施的出口补贴，保护本国市场的公平竞争环境，许多国家选择征收反补贴税。反补贴税作为一种贸易保护措施，旨在通过对进口商品加征额外的税费，抵消因其他国家出口补贴带来的价格优势。这种措施有助于维护市场秩序，确保国际贸易的公平性，并防止因补贴政策带来的贸易不平衡问题。

(三)出口退税

出口退税是国家为增强出口商品的国际市场竞争力和促进出口而实施的一项政策。其基本操作机制是通过税务部门将出口商品中所含的间接税(如增值税、消费税等)退还给出口商，使出口商品能够以未含税的价格进入国际市场,从而提升其在全球市场中的价格竞争力。在我国长期税收政策的指导与引导下,我国社会经济持续稳步增长,对外出口贸易行业也得以发展壮大,在这一过程中出口退税发挥着至关重要的作用。而加强出口退税管理能够保障出口退税这一政策落实到位,并发挥最大效用。[①]出口退税制度的制定和实施通常基于以下四个原则。

1.公平税负原则

公平税负原则要求在实施出口退税制度时,确保所有出口商在享受税收退还时得到公平对待。这一原则的核心在于保证不同类型和规模的企业能够在税收政策的支持下,平等地享受税收优惠,从而避免因税收政策的不公正而引发市场竞争的不平等。通过这一原则,政策制定者旨在消除因税负差异造成的竞争障碍,使得所有参与国际贸易的企业能够在相同的税收条件下进行市场竞争,增强市场的公平性和透明度。公平税负原则不仅保障了出口商在获取税收退还时的平等待遇,还促进了市场的健康发展,避免了税收政策对某些企业的不公平影响,从而支持了整体经济的稳定和可持续增长。

2.属地管理原则

属地管理原则要求税收退还的实施和操作应依据出口商品所在的具体地区进行。这一原则的实施旨在确保地方政府能够根据各自区域的经济状况和实际需求对出口退税进行调整和管理。通过属地管理,地方政府得以在处理税收退还事宜时,考虑到本地经济发展的特点和实际情况,从而实现税收政策的灵活性和针对性。此外,属地管理原则有助于维护地方税收管理的规范性和有效性,增强了地方政府在税收政策执行过程中的权责明确性。通过这一原则的落实,可以促进地方经济的协调发展,提升税收政策的实施效果,从而提高整个经济体系的运作效率和稳定性。

3.征多少退多少原则

征多少退多少原则规定了出口退税的额度应与出口商品中实际包含的

---

①冯灵强.出口退税的有效管理策略探讨[J].中国市场,2024(10).

间接税金额直接挂钩。这一原则确保了税收退还政策的精准性和透明性，即实际征收的税款多少，就应退还相应的金额。通过该原则的实施，可以有效防止因退税额度与实际税负不符而导致的政策失效或税收不公现象。确保退税金额与实际税负相符，不仅提升了退税政策的公正性，也增强了政策执行的信任度，避免了由于政策不匹配引发的市场混乱。这一原则使得税收退还过程中的公平性和准确性得以保障，从而促进了出口企业的正常运营和市场竞争的健康发展。

4.宏观调控原则

宏观调控原则要求出口退税制度在促进出口的同时，还需与国家的宏观经济调控需求相结合。该原则体现了政策制定者在实施退税措施时必须综合考虑其对整体经济政策目标的影响。这包括控制通货膨胀、稳定汇率以及其他宏观经济指标的要求。在实际操作中，这意味着出口退税政策不仅要满足直接推动出口的需求，还要在确保出口企业竞争力的基础上，避免对宏观经济造成不利影响。通过这一原则的实施，能够更好地实现经济政策的综合效益，确保退税政策在推动经济增长的同时，不会对经济稳定性产生负面影响。因此，宏观调控原则在设计和调整出口退税政策时，提供了一个综合考量经济整体运行状况的重要框架。

二、出口管制措施

出口管制是指国家通过法令和行政措施，对某些商品，特别是战略物资、先进技术及其有关资料限制出口或禁止出口，以达到一定的经济、政治或军事目的。

(一)出口管制的主要对象

1.国内紧缺物资

国内紧缺物资指的是那些在国内生产中急需的原材料、半制成品及其他供应严重不足的商品。这些物资在国内市场上本已相对稀缺，若对其出口管理不加限制，可能会加剧国内供应的不足和市场的失衡，进而对经济发展产生负面影响。由于这些紧缺物资在生产过程中扮演着关键角色,其不足可能导致生产线停滞,进而影响到整个产业链的正常运作和经济的持续增长。

紧缺物资的流出可能导致国内市场上相关商品的进一步稀缺,抬高市场价格,增加生产成本,并对下游产业的运营造成压力。这种情况下,不仅会影响到相关企业的生产效率和盈利能力,还可能导致整体经济活动的减缓。为此,合理的管理和调控这些物资的流动是确保国内市场稳定、支持经济发展的关键措施。

国内紧缺物资的管理需要平衡国家的资源配置与市场需求,确保关键原材料和半制成品能够满足国内生产的需要。在这一过程中,政策制定者通常会通过设立出口限制、优先保障国内供应等措施,以避免因物资流失而对国内经济造成的不利影响。这样的管理策略旨在保障关键物资的稳定供应,促进经济的持续健康发展,并在全球市场中维持国内企业的竞争力。

2.历史文物及艺术珍品

历史文物及艺术珍品是各国文化和历史遗产的重要组成部分,它们不仅体现了国家的历史发展和文化成就,还承载着丰富的民族精神和文化价值。由于这些物品在历史和艺术上具有独特的意义,各国通常采取严格的措施来保护这些珍贵资产,防止其流失至国外市场。

从保护文化遗产的角度来看,历史文物和艺术珍品的流失不仅可能导致文化资产的物理损害,还可能削弱国家的文化认同和历史记忆。因此,为了确保这些珍贵物品能够在本国得到妥善保管和研究,各国政府往往对其出口进行严格限制。这样的限制措施有助于维护国家的文化安全和完整性,避免文物和艺术品因商业化交易而受到不当处理或损害。

此外,这些措施还旨在提升国家对文化遗产保护的重视和国际声誉。通过强化对历史文物及艺术珍品的保护,各国能够展示其对自身文化价值的尊重和重视,同时加强对世界文化遗产保护的贡献。这种保护不仅涉及对物质文化遗产的管理,也包括对相关历史和文化背景的教育和宣传,进一步巩固国家文化的传承和发展。

因此,针对历史文物和艺术珍品的出口禁令不仅是为了防止其物理性损失,更是为了保持国家文化的独立性和完整性。这一政策体现了国家对文化遗产保护的高度重视,并在国际为文化资源的保护提供了有力的支持。

3.需要限制出口的商品

在全球贸易环境中,某些商品由于其在国际市场上的竞争力较强,可能成为贸易摩擦的焦点。为应对这种情况,出口国可能会在进口国的要求或压力下,实施对这些商品的出口管制。这种措施旨在缓解贸易摩擦,维护与进口国的贸易关系,从而确保国际贸易的稳定性和可持续性。需要限制出口的商品通常具有以下两个方面的特征。

(1)这些商品在国际市场上具有显著的竞争优势,能够影响进口国的市场份额和经济利益。因此,进口国可能会对这些商品的出口提出限制要求,以保护其本国相关产业的利益。

(2)这些商品的出口限制不仅是响应进口国的政策需求,也可能是为了避免在国际贸易中引发更大的贸易争端或冲突。通过对这些商品实施管制,出口国能够有效地管理和缓解贸易关系中的潜在风险。

在实施出口管制时,出口国需综合考虑多方面因素,包括国际贸易规则、双边关系以及自身的经济利益。此类措施的制定和实施应以公平、公正的原则为基础,确保其在现代国际贸易环境中的合理性和合法性。通过合理的出口管制,出口国可以在保障自身经济利益的同时,维护现代国际贸易的秩序和稳定。限制出口的商品主要是在特定国际贸易环境下,通过响应进口国的要求和压力,实施的出口管制措施。这种管制有助于调节国际市场的供需关系,平衡贸易摩擦,并维护全球经济的稳定性。

4.战略物资、先进技术及有关资料

战略物资、先进技术及其相关资料的出口控制主要源于国家安全和军事防务的需求。在现代国际关系中,这类物资和技术涉及国家的安全利益和军事能力,因此,国家通常对其出口实施严格的管控。这种管控措施旨在防止这些关键资源流入潜在的对手或敌对国家,从而维护国家的战略利益和军事优势。

（1）战略物资。战略物资包括各种具有高度军事应用价值的物品，如武器、军事设备、军用飞机和军舰等。这些物品的控制是出于保护国家安全的考虑，因为不当使用或流入敌对国家可能对国家安全构成严重威胁。因此，国家对这些战略物资实施严格的审查和管控，确保它们仅在友好或受控的国家之间流通，从而维持国家在国际安全格局中的有利地位。

（2）先进技术及相关资料的出口控制。这不仅涉及军事领域，还包括高端电子计算机、通信设备等技术。这些技术和设备对国家的科技水平和经济竞争力具有重大影响。国家对这些先进技术的出口实施管控，是为了保持科技领先地位和经济优势，防止技术扩散对国家在科技创新和经济发展中的竞争力造成负面影响。通过限制这些技术和设备的出口，国家能够保护本国的创新成果，防止技术被不正当使用或迅速模仿，从而维护国家的技术优势和市场竞争力。经济层面上，控制先进技术和设备的出口也是一种保护国家经济利益的措施。这种控制能够防止技术被不正当利用，从而保护国家的经济利益和创新成果。它有助于保持国家的技术领先地位，进一步促进经济安全和持续发展。

战略物资和先进技术的出口控制不仅关乎国家的安全防务，也涉及科技领先地位和经济优势的维护。这些措施体现了国家在全球安全和经济竞争中的战略考量，同时为国家在国际事务中的稳定和发展提供了保障。

5.在国际市场上有垄断优势和出口量大的商品

在国际市场上具有垄断优势和出口量大的商品的出口管制，对于发展中国家尤为关键。这些国家的经济结构通常较为单一，依赖于少数几种主要出口商品，其市场集中度较高，导致出口商品价格极易受到国际市场价格波动的影响。为了应对国际市场上的价格波动，发展中国家需要采取有效的出口管制措施，以维持其商品的国际价格水平，并优化出口效益。

当国际市场价格出现下跌趋势时，如果发展中国家不采取控制措施，可能会导致商品价格进一步下滑，加剧供大于求的市场局面，从而对国家经济造成显著损害。通过对出口量的控制，发展中国家可以在一定程度上减缓价格下跌的幅度，推动国际价格回升，从而提升出口收益。此类管制措施有助于稳定国际市场价格,确保出口商品的经济回报不会因市场价格的剧烈波动而受到严重影响。

对于发展中国家而言,掌握有效的出口管制策略至关重要。这不仅涉及对国际市场动态的敏锐洞察,还需要对内外经济环境的全面评估。通过适当的出口管制,发展中国家能够在全球经济体系中保护自身的经济利益,提高资源的国际市场价值,并增强经济的抗风险能力。

因此,实施出口管制不仅是应对国际市场价格波动的有效手段,也是一种保障国家经济稳定和发展的必要措施。通过控制具有垄断优势和出口量大的商品的出口,发展中国家能够优化出口结构,提升国际市场地位,从而实现经济的长期可持续发展。

(二)出口管制的基本形式

1.单边出口管制

单边出口管制是指一个国家依据其国内的出口管制法案,设立专门机构,对某些特定商品的出口进行审批并颁发出口许可证,从而实施对这些商品的出口管制。此类措施表明,实施出口管制的决定完全由该国自主做出,未必需要考虑或协调其他国家的利益与义务。

在单边出口管制的框架下,国家的出口政策和决策权力完全由本国掌控,允许该国依据其经济利益、国家安全或政策目标对特定商品进行控制。通过这种方式,国家能够针对特定领域的产品实施精细化管理,以保护其经济利益或战略利益,调整出口量,稳定市场价格,或避免某些商品流入对其国家安全构成威胁的地区。该机制的实施常常反映了国家对某些商品或技术的控制欲望,特别是在涉及敏感技术、战略物资或经济资源时。通过单边出口管制,国家可以灵活地应对国内外经济和政治形势的变化,调整其出口策略,以达到保护本国经济和安全的目的。

单边出口管制作为一种国家自主决策的政策工具,体现了国家在处理经济和安全事务中的自主性和灵活性。在全球经济一体化的背景下,这种管制方式能够帮助国家根据自身需要调整出口战略,维护经济利益和安全,但同时也需权衡其对国际市场和全球经济的潜在影响。

2.多边出口管制

多边出口管制,亦称为共同出口管制,涉及多个国家通过建立国际性的多边机构来协调和实施出口控制。这种管制形式通常由一组国家政府协商和制定,以实现共同的政治和经济目标。通过这种方式,各参与国家可以统一制定出口管制的货单、指定受控国家,并设定相关的出口管制办法。

多边出口管制的主要目标是通过协调各国的政策来加强对特定商品和技术的管理,以维护全球或地区的稳定与安全。这种协调机制允许各国在面对全球性问题或跨国威胁时,采取一致行动,从而有效遏制潜在的安全风险或经济不稳定因素。通过共同制定和执行管制措施,多边出口管制可以在国际层面上建立起规范化的管理体系,以避免单边措施可能带来的市场混乱或政策冲突。在实施过程中,多边出口管制机构负责协调各国的出口政策,确保各国之间的政策一致性,并监督和评估管制措施的有效性。这种协调机制不仅有助于提高出口管制的透明度和公正性,还有助于减少各国在实施管制措施时可能遇到的障碍或摩擦。

此外,多边出口管制还具有增强国际合作的功能。通过建立和维护多边出口管制框架,各国能够加强信息交流和政策协调,共同应对国际安全和经济挑战。这种合作不仅促进了国际社会对管制措施的认同,也增强了全球治理的有效性。

多边出口管制作为一种协调性的政策工具,通过国际合作和多国协调,能够有效地管理全球性资源和技术,维护国际安全与稳定,并推动国际社会在应对共同挑战时的协作与合作。

第三章 国际贸易的核心操作环节

第一节 国际贸易中货物的运输

一、国际贸易中货物的运输方式

在国际货物运输中，使用的运输方式很多，其中包括海、陆、空、邮等运输方式，每种运输方式都有各自的优缺点及独特之处。随着国际贸易的发展，国际贸易货物运输的方式和组织形式也在不断发生变化。根据具体的运输任务，从经济学和实务的角度所应选择的运输方式也应有所不同。为了合理地选择运输方式，必须对各种运输方式的特点及其营运的有关知识有所了解。

(一)海洋运输

海洋运输是国际贸易中最主要的运输方式，它具有运量大、运费低廉、不受道路和轨道限制和对货物适应性强等优点，因此也是我国国际货物运输中最主要的运输方式。

1.海洋运输船舶的经营方式

海洋运输船舶的经营方式，可以分为班轮运输和租船运输。两者在运作模式、航线安排、运费计算以及船货双方的权利和义务方面均有显著差异，各自具有独特的优势与应用领域。

(1)班轮运输，又称定期船运输，具备固定船期、固定航线、固定港口及相对固定的运费率等特点。在这种运输方式中，船方负责货物的装卸以及中途转运，相关费用包含在运费中，货主无需另行支付装卸费用，也无需支付滞期费或速遣费。班轮运输的灵活性较高，能够承运多种品类和数量不固定的货物，尤其适合杂货和小额贸易货物的运输。由于班轮航线上运行的船舶通常具备较好的技术性能和设备配置,货运质量能够得到保障。此外,班轮运输为买卖双方提供了依据,便于事先安排交货期、装运期以及核算运费,从而推动了国际贸易的发展。

(2)租船运输,又称不定期船运输,区别于班轮运输,它并不依赖固定的船期表和航线,运输安排根据船租双方签订的租船合同进行。租船运输具有较大的灵活性,船舶的航线、港口、运输货物的种类以及航行时间等均由承租人提出需求,船东确认后确定。此外,租金和运费根据市场行情在租船合同中协商确定。

租船运输可分为这些主要形式:①定程租船,即航次租船,是船舶所有人提供船舶在指定港口之间进行一个或多个航次,承运特定货物,承租人支付相应的运费;②定期租船,则是船东将船舶出租给承租人使用一段时间,租期可长可短,承租人可将船舶作为班轮或承租船使用,甚至转租给第三者;③光船租船,指船东将未配备船员的空船租给承租人,承租人自行任命船员并承担相关费用;④航次期租,是一种介于航次租船和定期租船之间的方式,按完成航次所需的时间计算租金。

租船运输尤其适用于大宗货物的运输,如粮食、油料、矿产品及工业原料等。对于外贸企业而言,定程租船是使用较为广泛的租船方式,因其能够较好地满足大宗货物运输的需求并提供灵活的运输安排。

2.海上货物运输的费用类型

海上货物运输费用是国际贸易中的重要组成部分,影响着全球商品流通。海运运费根据船舶营运方式的不同,主要分为班轮运费、定程租船运费和定期租船运费。不同的运输方式决定了运费结构和收取方式的多样性。

(1)班轮运费,依据班轮运价表进行计算,其中包括基本运费和附加费。基本运费主要指货物从装运港至卸货港的费用,附加费则由于货物特殊性或外部因素额外增加。运费的计算通常采用几种方式,如按货物重量、体积或价值等,其中货物的毛重和体积是最常用的计费标准。运价表中的运费等级和附加费率决定了最终的总运费。

(2)定程租船运费,主要涉及运费与装卸费用。根据合同规定,运费的计算方式可以是按单位重量或体积计费,也可以是整船包价。租船市场的运费水平、货物的价格、港口费用等因素都会影响最终的运费。在定程租船中,装卸费用是通过船方与租方的协商决定的,具体形式包括船方负担装货费、卸货费或均不负担的情况。此外,装卸时间是程租船合同中的关键内容,滞期费和速遣费作为奖惩机制,分别用于延迟装卸或提前完成装卸的情况下。

(3)定期租船运费,即租金,是租船人根据船舶的装载能力和租期长短支付给船舶所有人的费用。租金率通常按每月每载重吨或每天计算,租金的支付周期和金额由租船合同明确规定,若未能按时支付,船舶所有人有权撤回船舶。

在实际操作中,租船人与船舶所有人需根据市场条件、货物种类、航线和港口条件等因素,合理确定运费和相关条款,以确保合同顺利履行。

(二)铁路运输

铁路运输在国际货物运输中占据重要地位,仅次于海洋运输。其在货物集散中起到关键作用,尤其是在进出口贸易中,铁路运输往往作为海洋运输的延伸,用于将货物集中至港口或从港口分散至各地。铁路运输具有全年运行的能力,因其不易受到气候条件的影响,确保了运输的稳定性和高效性。此外,铁路运输的运量较大,速度较快,并且具有高度的连续性,这为国际货物的安全、快速运输提供了有力保障。

相比其他运输方式,铁路运输的手续较为简便。发货人和收货人可在相对方便的始发站和目的站办理托运和提货,极大地提高了运输的便利性和时效性。在我国对外贸易中,铁路运输可以分为对港澳铁路运输与国际铁路货物联运两种类型。

对港澳地区的铁路运输,通常采用“两票运输”模式,通过两段铁路运输实现货物的转运和交接。此类运输模式依赖于港澳地区与内地的铁路系统,以及铁路与海运的紧密衔接。

国际铁路货物联运是通过统一的国际联运票据,跨越多个国家的铁路系统,实现货物全程运输。联运过程中,由铁路局负责跨境货物的转交和运输,无须发货人或收货人参与。这种模式不仅简化了跨国运输手续,还提高了运输效率。联运货物的运输费用依据发送国、过境国和到达国的国内铁路运价标准进行计算。对于过境运输,铁路运费按国际铁路联运协定规定的统一过境运价进行核算。这种运费核算机制在实践中可能会产生一定差异,主要受汇率变化和不同国家运价计算方式的影响。在实际操作中,由于部分发货人可能通过瞒报单证将本地货物伪装为过境货物,以偷逃铁路运费,相关管理部门应加强对运输文件的审查和监督,以确保铁路运费的合理收取并维护铁路运输秩序。

铁路运输在国际货物运输体系中的重要性不容忽视。其稳定性、高效性和相对较低的风险水平,使其成为国际贸易中的主要运输方式之一。随着全球贸易的不断发展,铁路运输将继续发挥重要作用,并通过国际合作进一步优化和提升跨国货物运输的效率。

(三)航空运输

航空运输在现代物流体系中占据重要地位,尤其在全球化进程加速和国际贸易快速增长的背景下,航空运输的速度与效率优势愈加显著。与其他运输方式相比,航空运输具有快速、安全、可靠的特点,特别适合运输时间敏感的货物,如急需物资、易腐商品、精密仪器等。由于不受地理和地面条件的限制,航空运输能够跨越自然障碍,满足全球范围内的货物流动需求,成为现代经济活动中不可或缺的运输手段。

在实际运作中,航空运输方式的多样化为货物运输提供了灵活选择,常见的形式包括班机运输、包机运输、集中托运和航空快递等。班机运输,具备定时、定线、定站的特征,能够为常规货物运输提供稳定的服务,适用于有固定运输需求的客户。包机运输,则更具灵活性,适合大批量货物的运输。集中托运,通过整合多个发货人的货物,实现资源的优化利用,降低运输成本。航空快递,则凭借高效的物流网络,为客户提供快捷的“桌到桌”服务,满足时间紧迫的货运需求。

航空运输中的承运人,分为航空运输公司和航空货运代理公司。航空运输公司负责航程内的货物运输,其职责主要体现在保证空中货物的安全和准时送达。而航空货运代理公司则作为连接发货人和航空公司的桥梁，承担了从货物揽收、报关到目的地交付等一系列复杂的物流服务。货运代理不仅需要丰富的商品和法律知识，还需具备多项操作技能，如拼装货物、处理运输文件以及应对各种不确定性，确保货物在整个运输过程中顺利、安全地抵达目的地。

国际航空货物运输受多项国际公约的约束和规范，这些公约为各国间航空运输的规则统一提供了法律依据，促进了全球航空运输的标准化和合法性。最具影响力的公约之一是《华沙公约》，该公约为国际航空运输的责任划分、赔偿限额等方面提供了明确的法律框架，得到广泛认可。

另外，空运费用的计算依据货物的重量或体积，具体运价结构因不同地区的标准而有所差异。实际重量和体积重量的换算方式在国际货运中得到了广泛使用，确保了计费的合理性和统一性。这种运费标准化不仅提高了运输效率，也为国际货物运输提供了清晰的价格参考体系，进一步增强了航空运输的透明度与规范性。

（四）集装箱运输

集装箱运输作为现代化的运输方式，通过集装箱作为独立的运输单元，显著提升了货物运输的效率和质量。其适用范围涵盖了海洋运输、铁路运输以及国际多式联运等多个领域，形成了全球化的运输网络体系。自20世纪70年代以来，集装箱海运在国际货运中占据了重要地位，尤其在全球贸易活动中，集装箱运输的优势得到了广泛认可。集装箱运输方式的普及不仅改变了传统海运模式，也推动了全球物流行业的现代化进程。

集装箱运输的迅速发展源于其相较于传统运输方式在多方面的显著改进。通过提高装卸效率，集装箱运输加快了运输工具的周转速度，显著缩短了运输时间。同时，其货物损坏和丢失率显著降低，保障了运输质量。集装箱的使用简化了相关手续，减少了运输过程中的繁琐步骤，极大便利了货物流动。此外，集装箱运输的成本效益也颇为显著，为货主节省了运输费用，并在全球范围内促进了货物的流通与经济的发展。

集装箱的规格由国际标准化组织统一规定，以确保全球范围内的标准化运作。通过标准化的尺寸与设计，集装箱能够适应不同类型的货物运输需求，从干货到特殊货物，如冷藏、散装货物等，都能够在集装箱运输体系内找到适合的运输方式。这种标准化不仅提高了运输过程中的操作效率，也为不同类型货物提供了可靠的运输保障。

集装箱运输中的交接过程分为整箱货和拼箱货两种形式，整箱货的运输方式更为简便，货主能够在工厂或仓库装箱，并直接交付至集装箱堆场，而拼箱货则由承运人在货运站负责拼装与分拨。这种灵活的交接模式极大满足了不同货主的需求，不论是整箱货还是拼箱货，都能够通过集装箱运输体系实现高效的货物交付。同时，集装箱运输还能提供“门到门”的全程服务，进一步提升了货物流通的便利性和安全性。

在费用计算方面，集装箱运输具有独特的费用结构和计算方法。集装箱运输费用包括多项成本，如内陆运输费、拼箱服务费、堆场服务费和海运运费等。运费的计算方式根据货物的类型和运输模式的不同而有所差异，整箱货物通常按包箱费率计费，而拼箱货物则按运费吨计算。影响集装箱运费的因素多样，包括航线、装运港和目的港、货物类型以及季节等。为了确保运营收入，船公司还会设定最低运费标准，确保运输过程中不产生亏损。通过这种精确的费用计算机制，集装箱运输在保障服务质量的同时，也实现了成本的最优化管理。

(五)国际多式联运

国际多式联运是一种跨越国界的运输组织方式，基于多式联运合同，以两种或两种以上的不同运输方式为基础，确保货物从起始地点运送至目的地点的全过程安全。该运输形式通过整合各种运输工具的优势，实现高效的跨境货物流动，提升了全球贸易的运输能力。多式联运的实施不仅促进了国际货物流通的便捷性，也在经济全球化的背景下，成为现代物流的重要组成部分。

国际多式联运的核心在于多式联运合同的签订。该合同明确了运输过程中各方的责任和义务，并且确保了多式联运经营人对整个运输过程负有全面责任。多式联运合同的存在不仅规范了运输行为，还为托运人提供了明确的法律保障，确保货物在运输过程中的安全和责任划分。多式联运经营人是合同履行中的核心主体，他们通过组织和协调不同运输方式的接续运输，确保货物能够顺利完成跨国界的运输任务。其不仅可以亲自负责全程运输，还可通过其他实际承运人完成部分或全部运输任务，从而保证了运输过程的灵活性与高效性。

多式联运的一个显著特征是其全程单一运费费率。这种费率的设定涵盖了全程运输的各个阶段费用，既包括实际运费的总和，也涵盖了运营管理费用和合理利润。这种费用结构有效简化了费用的计算与支付流程，使得托运人在国际运输中无须单独处理每段运输的费用问题，从而提升了整个运输过程的透明度与经济性。通过这种方式，国际多式联运不仅降低了运营成本，还为托运人提供了更为稳定和可预见的运输费用。

国际多式联运的优势在于其能够提供“门到门”的全程运输服务。这种运输模式显著简化了货物的交接程序，减少了中间环节，缩短了货运时间。同时，多式联运有效降低了运输成本，减少了货损风险，提升了运输质量与安全性。货物交接方式灵活多样，可根据实际需求选择“门到门”“门到港站”“港站到港站”等不同的交接方式，极大地满足了不同客户的运输需求。通过这一运输模式，国际贸易中的货物运输变得更加高效、便捷，促进了全球供应链的稳定运行。

二、现代国际货物运输的物流管理

（一）国际贸易中的现代物流技术

随着全球化进程的加速和电子商务的蓬勃发展，国际贸易活动日益频繁且复杂，对物流管理的效率、准确性和透明度提出了更高要求。现代物流技术作为推动国际贸易物流体系变革的重要力量，正深刻改变着传统物流运作模式，极大地提升了物流效率和服务质量。

首先，信息技术在物流管理中的应用。信息技术是现代物流技术的核心，包括物联网、大数据、云计算、人工智能和区块链等。物联网技术通过传感器、RFID标签等设备，实现货物从生产到消费的全链条追踪与监控，提高了物流信息的实时性和准确性。大数据技术则能够整合和分析海量物流数据,预测物流需求、优化路径规划、降低库存成本。云计算技术提供了强大的数据处理和存储能力,支持物流企业在全球范围内实现信息共享和协同作业。人工智能技术,特别是机器学习和深度学习技术,能够自动优化物流流程、预测物流风险,甚至通过智能客服系统提升客户服务体验。区块链技术则以其去中心化、不可篡改的特性,为物流信息的透明度和安全性提供了新的解决方案。

其次,自动化与智能化设备的广泛应用。自动化仓储系统、自动分拣系统、无人运输车辆(如无人驾驶卡车、无人机)以及智能机器人等自动化与智能化设备,正在国际贸易物流领域发挥着越来越重要的作用。这些设备不仅大幅提高了物流作业的效率,减少了人力成本,还显著提升了物流作业的精准度和安全性。例如,自动化仓储系统能够自动完成货物的入库、存储、出库等流程,减少人为错误;自动分拣系统则能根据订单信息快速准确地完成货物的分类和打包;无人运输车辆和无人机则能够跨越地理障碍,实现货物的快速、安全运输。

最后,绿色物流技术的推广。随着全球对环境保护意识的增强,绿色物流技术成为国际贸易物流管理的重要趋势。绿色包装材料、节能减排的运输工具、废弃物回收利用系统等绿色物流技术的应用,有助于减少物流活动对环境的影响,实现可持续发展。例如,使用可降解或可重复使用的包装材料,可以减少塑料垃圾的产生;采用新能源运输工具(如电动汽车、氢能车辆),可以降低运输过程中的碳排放;建立废弃物回收利用系统,则可以实现资源的循环利用。

(二)供应链管理的现代化

供应链管理是国际贸易物流管理的重要组成部分,其现代化进程直接关系到国际贸易的效率和竞争力。现代化的供应链管理强调信息集成、协同合作、风险管理和可持续发展,旨在构建高效、灵活、安全的全球供应链网络。

第一,信息集成与协同合作。信息集成是现代化供应链管理的基础。通过建立统一的供应链管理信息系统,实现供应链各节点企业之间的信息共享和协同作业,可以显著提高供应链的透明度和响应速度。这包括供应商管理库存(VMI)、协同计划、预测与补货(CPFR)等策略的应用,有助于降低库存成本、优化库存结构、提高供应链的整体效率。同时,通过电子商务平台、物联网技术等手段,实现消费者需求与供应链上游的实时连接,使供应链更加贴近市场需求,提高供应链的灵活性和定制化服务能力。

第二,风险管理与应对策略。在国际贸易中,供应链面临诸多风险,如政治风险、经济风险、自然灾害风险、运输风险等。现代化的供应链管理强调风险管理和应对策略的制定与实施。通过建立风险预警机制,及时识别和分析潜在风险,制定针对性的风险应对策略,如多元化供应商策略、库存缓冲策略、运输备选方案等,以减轻风险对供应链的影响。同时,加强供应链韧性建设,提高供应链的抗冲击能力和恢复能力,确保供应链在面临突发事件时能够迅速恢复正常运行。

第三,可持续供应链管理。可持续供应链管理是现代化供应链管理的重要趋势。它强调在满足消费者需求的同时,关注环境、社会和经济的可持续性。通过采用绿色采购、环保生产、节能减排等措施,降低供应链对环境的影响;通过加强供应链管理中的社会责任建设,保障劳动者的权益和福利;通过优化供应链资源配置,提高资源利用效率,促进经济可持续发展。可持续供应链管理的实施,有助于提升企业的品牌形象和社会责任感,增强供应链的竞争力和可持续发展能力。

(三)国际贸易中的运输风险与保险

国际贸易中的运输环节是连接生产者和消费者的桥梁,也是物流管理中最具挑战性的环节之一。运输过程中存在的各种风险,如货物损失、延误、损坏等,不仅会影响物流效率,还可能给贸易双方带来巨大的经济损失。因此,合理规避和管理运输风险,以及选择适当的保险保障,是国际贸易物流管理中的重要内容。

国际贸易中的运输风险主要包括自然灾害风险、人为因素风险、政治法律风险和运输方式风险。自然灾害风险如台风、地震、海啸等,可能导致运输中断或货物损坏;人为因素风险如盗窃、诈骗、操作失误等,可能导致货物丢失或延误；政治法律风险如战争、政治动荡、贸易壁垒等，可能影响运输路线的安全性和稳定性；运输方式风险则与不同运输方式的特点有关，如海运的航行风险、空运的延误风险等。这些风险的存在，不仅会影响货物的按时交付，还可能增加额外的物流成本，甚至导致贸易合同的违约和纠纷。

为了有效管理运输风险，国际贸易物流管理需要采取一系列策略。首先，加强运输前的风险评估和规划，选择信誉良好、经验丰富的运输公司和物流服务商，确保运输路线的安全性和稳定性。其次，采用先进的物流技术和设备，如物联网技术、智能监控系统等，实现对运输过程的实时监控和追踪，及时发现和解决潜在风险。此外，还可以通过多元化运输方式的选择和组合，分散运输风险，提高运输的灵活性和可靠性。最后，建立完善的应急预案和危机管理机制，以应对突发事件对运输活动的影响。

另外，保险是国际贸易运输风险管理中的重要工具。通过购买货物运输保险，可以在货物遭受损失或损坏时获得经济补偿，减轻贸易双方的经济损失。货物运输保险通常包括全损险、部分损失险、延误险等多种险种，可以根据货物的性质、运输方式和风险等级等因素进行选择。同时，保险公司还可以提供专业的风险管理建议和咨询服务，帮助贸易双方更好地识别和规避运输风险。在选择保险公司时，应关注其信誉度、偿付能力和服务水平等因素，确保保险保障的有效性和可靠性。

第二节 国际贸易中货款的结算

国际货款结算，亦称为国际货款收付，相较于国内货款结算，其复杂性显著增加。这一复杂性源于涉及不同货币的使用、操作流程的差异，以及各国法律、国际惯例和银行习惯的多样性。根据资金流动方向与支付工具传递方向的不同，国际货款结算方式可以分为顺汇和逆汇两种方式。

顺汇指资金流动方向与支付工具传递方向一致。在这种情况下，汇付即代表顺汇法。顺汇法中，支付工具的传递和资金的流动是同步进行的，简化了结算过程，提高了交易效率。相对而言，逆汇指资金流动方向与支付工具传递方向相反。托收和信用证方式均属逆汇法。在逆汇法中，尽管支付工具和资金流动方向不同步，但此方式提供了交易双方更多的保障措施。托收和信用证通过不同形式的信用支持和风险控制，确保了交易的顺利完成。

此外，根据提供信用的角度，支付方式可以分为商业信用基础的结算方式和以银行信用为基础的结算方式。商业信用基础的结算方式主要依赖于交易双方的信誉和合同条款，而以银行信用为基础的结算方式则通过银行的担保和保证，增加了交易的安全性和可靠性。

一、银行信用的结算方式

以银行信用为基础的结算方式是指在交易过程中，银行提供的信用保证作为支付的基础。这种结算方式依赖于银行的信誉与信用能力，确保交易的安全性与可靠性。在这种模式下，银行作为第三方，通过其信用承诺，增强了交易双方的信任，并有效降低了交易风险。信用证与银行保函是典型的银行信用结算方式，其中信用证作为一种银行承诺，确保在满足特定条件的情况下支付相应金额。银行保函则是银行为某一交易或合同提供的担保，保障债务履行。这些工具共同发挥着促进贸易和金融交易的作用，使得交易双方能够在更高的安全保障下进行业务往来。

（一）银行保函

银行保函，亦称为“保证书”，是由银行、保险公司、担保公司或个人根据申请人的请求，向第三方受益人提供的书面信用担保凭证。这种担保形式确保在申请人未能按照协议履行其义务时，由担保人承担相应的支付责任或经济赔偿。由银行签发的保函称为银行保函，具有保障交易履行的功能。

银行保函涉及多个主要当事人。申请人，即委托人，向银行提出开立保函的请求，并可能是投标保证、出口保证、进口保证或还款保证中的各类主体。受益人是指接收保函并有权根据保函条款向担保银行提出索赔的一方，其义务包括履行合同责任，以获得对担保银行的索赔权。担保人是银行，根据申请人的要求在提供担保的条件下，向受益人开立保函，其责任是依据保函中的条款，审核相关文件后支付保函中规定的金额。通知行负责将保函通知或转递给受益人，其通常是受益人所在地的银行。

1.银行保函的核心要素

(1)保函应明确列出主要当事人信息,包括申请人、受益人,以及涉及的通知行或转开行的详细信息。

(2)开立保函的依据需详细注明相关的基础合同或标书的编号和日期。

(3)担保金额是保函的核心内容,必须明确规定,担保人的责任仅限于该金额。

(4)要求付款的条件应在保函中明确,包括索赔书及其他必要文件的书面形式。

(5)保函还需规定失效日期或失效事件,如未特别规定,当保函被退还或受益人声明解除责任时,保函即被视为取消。

(6)保函的适用法律是担保人营业所在地的法律,若担保人有多个营业场所,则适用开立保函的分支机构所在地法律。这些要素共同构成了银行保函的法律和实务框架,确保了信用担保的有效性和可靠性。

2.银行保函的类型划分

(1)根据保函与其基础合同之间的关系,保函分为从属性保函和独立性保函。

从属性保函,又称为有条件保函,其特点在于担保人的偿付责任依赖于申请人履行基础合同的责任。如果申请人履行了合同规定的义务,担保人的偿付责任即告解除。这种保函的担保责任为第二性的、附属的,意味着担保人的责任是依附于申请人在合同中的实际履行情况。

独立性保函,亦称为见索即付保函,其与基础合同完全独立,具备独立的法律效力。在这种保函中,担保人承担的是第一性的偿付责任,意味着担保人必须在受益人提交书面索赔要求及保函规定的文件时即进行付款,而无须考虑申请人的履行情况或对商务合同履行的调查。

(2)根据保函的具体用途,其类型可分为投标保函、履约保函和还款保函。

投标保函,是银行应投标人申请,向招标人开立的保函,旨在保证投标人在开标前不会撤回投标或修改投标条件,并在中标后不拒绝签约及履行履约保证金的交付义务。如果投标人未能履行这些承诺，银行则负责赔偿招标人损失。

履约保函，是银行应合同一方当事人的申请，向另一方当事人开立的保函，保障在委托人未履行合同义务时，银行将根据保函条款支付一定金额或采取措施履行合同。履约保函适用于各种经济活动，包括货物进出口、技术贸易等。

还款保函，又称为预付款保函或定金保函，是银行应合同一方申请，向另一方开立的保函，保障在委托人未按合同退还预付或贷款款项时，银行将代为退还。

3.银行保函的国际惯例

国际贸易惯例，是指在国际贸易的长期实践中，在某一地区或某一行业逐渐形成的为该地区或该行业所普遍认知、适用的商业做法或贸易习惯，作为确立当事人权利、义务的规则对适用的当事人有约束力。[①]随着国际贸易和金融交易的复杂化以及见索即付保函使用频率的提高，国际商会于1992年发布了《见索即付保函统一规则》。该规则专注于规范见索即付保函的使用，明确了担保银行在保函中承担的责任和义务。2009年，国际商会对该规则进行了修订，发布了《见索即付保函统一规则》的更新版本，进一步优化了规则条款以适应不断变化的国际市场需求。

尽管国际规则为银行保函的使用提供了统一的框架，但在实际业务操作中，银行保函的使用常常受到所在国法律的制约。某些国家的法律体系对银行介入商业纠纷持限制态度，甚至禁止银行开立保函。在这种情况下，备用信用证成为一种有效的替代工具，其广泛应用逐渐填补了银行保函在某些市场中的空白。这种情况反映了国际金融规则与地方法律之间的互动，以及全球金融体系中不同机制的相互补充与调整。

（二）备用信用证

备用信用证，亦称为“商业票据信用证”“担保信用证”“保证信用证”，是

①姚丹.国际贸易实务[M].重庆：重庆大学出版社，2017：20.

一种金融安排，其基本功能在于代表开证行对受益人履行特定责任。备用信用证通常用于补偿开证申请人未履行合同义务时的经济损失，包括偿还借款、支付债务或履行合同中的违约行为。此类信用证的性质使其成为开证行对受益人履行的担保工具，以确保在申请人未履行其义务时，受益人能够得到相应的补偿。

1.备用信用证的主要特点

备用信用证具有不可撤销性、独立性、跟单性和强制性等特点。

（1）不可撤销性。除非另有约定，备用信用证在有效期内一经开立，开证行不得未经受益人同意单方面修改或撤销其责任。

（2）独立性。备用信用证的独立性确保开证行对受益人的义务不受任何适用协议、惯例或法律的影响。

（3）跟单性。其办理过程依赖于备用信用证中规定的单据，这体现了其跟单性，即开证行仅依据单据履行支付责任。

（4）强制性。备用信用证具有强制性，一旦开立，开证人即受其约束，无论开证人是否已向开证申请人收取或收足相关保证金或担保，也无论受益人是否已收到该备用信用证。

备用信用证最初在美国和日本流行，这主要是因为这两个国家的法律体系中银行无法直接开立保函，因此备用信用证成为一种替代工具。此类信用证广泛应用于投标、还款、履约保证、预付款和赊销等多种业务场景。近年来，备用信用证的应用范围扩展至买卖合同项下的货款支付，显示出其在国际贸易和金融交易中的重要性和灵活性。

2.备用信用证的类型划分

备用信用证作为一种重要的金融工具，在支持合同履行和保障交易安全方面具有显著作用。根据其在基础交易中的功能不同，备用信用证可以划分为以下主要类型：

（1）履约备用信用证，主要用途是支持合同一方当事人履行其合同责任。此类信用证在合同一方发生违约或未履行合同义务时，向受益人提供相应的偿付，确保受益人能够获得补偿，避免由于违约行为造成的损失。

(2)投标备用信用证,则用于担保申请人在中标后执行合同义务和责任。若投标人未能履行合同,开证人必须根据备用信用证的规定向受益人履行赔偿义务。这种信用证为招标过程中的投标方提供了履约保障,确保投标人在中标后能够按照约定履行合同。

(3)预付款保证备用信用证,主要用于担保申请人对受益人的预付款义务。这类备用信用证常见于国际工程承包项目中,其中业主向承包人支付的工程预付款通常为合同总价的一部分。此外,它也适用于进出口贸易中,进口商向出口商支付的预付款。

(4)直接付款备用信用证,主要用于担保到期付款,特别是在没有任何违约的情况下支付本金和利息。这种备用信用证常用于担保企业发行债券或订立债务契约时的到期支付义务,确保企业在到期时能够履行其债务义务。

二、商业信用的结算方式

商业信用为基础的结算方式是指银行对结算中的收付双方均不提供信用,只是接受委托,办理款项的收付。汇付和托收属于商业信用的结算方式。

(一)汇付

汇付,亦称为汇款,指付款人通过银行或其他渠道将款项交付给收款人。作为国际货款结算的一种方式,汇付以其简便性和灵活性被广泛采用,可以单独使用,也可与其他结算方式结合运用。

1.汇付的类型划分

(1)电汇,是通过电报、电传或SWIFT手段,汇出行指示在另一国家的分行或代理行解付一定金额给收款人的汇款方式。其特点在于汇款迅速到达收款人,但费用较高。

(2)信汇,是汇出行将信汇委托书邮寄给汇入行,授权其解付一定金额给收款人的方式。信汇的费用较低,但收款时间较长,目前在国际贸易中应用较少。

(3)票汇,是汇出行代汇款人开立银行即期汇票,支付一定金额给收款人的方式。票汇具有方便和灵活的特点,相较于电汇和信汇,票汇允许收款人持票取款,并可根据限制进行转让和流通。

2.汇付方式在国际贸易中的应用

汇付方式在国际贸易中的应用体现了其在结算程序中的多样性及功能性。该方式由于手续简便和费用较低,已广泛运用于不同的贸易场景,包括预付货款、货到付款以及交单付现等。

(1)预付货款,作为一种汇付方式,指进口商在货物发运之前先将款项汇付给出口商。出口商在收到货款后,依据合同约定的时间框架,将货物装运至进口商。此结算方式对出口商有显著优势,能够确保资金安全并在一定程度上解决融资需求。然而,对进口商而言,此方式存在较高的风险,包括资金占用导致的利息损失及未能按时、按质接收货物的风险。进口商通常愿意接受这种结算方式,可能是由于对商品的紧缺型需求,或是在采购特定商品时,出口商要求预付一定比例的货款作为保证。

(2)货到付款,是一种在货物到达后进行付款的结算方式。在此模式下,出口商先发货,进口商在接收货物后,立即或在规定期限内支付货款。这种方式实质上是一种赊账业务,具有延期付款的特性。货到付款对进口商有利,因其不占用资金且能够在货物未达或不符合要求的情况下不付款,从而在交易中占据主动地位。然而,对出口商而言,这种方式可能导致资金被占用,且若进口商信誉不佳,可能面临货款未收或延迟的严重损失。鉴于这些风险,除非进口商信誉良好,出口商通常不倾向于采用这种付款方式。

(3)交单付现,是一种通过银行处理的汇付方式,进口商将款项汇给出口商所在地的银行,并指示银行凭出口商提交的货运单据进行付款。这种方式在确保交易双方权益方面具有一定的保障。出口商发货后,可以通过提交单据立即获得货款,避免了货到付款中可能出现的款项收回风险。对进口商而言,这种方式可以防止在预付货款情况下,出口商可能出现的延迟交货问题。交单付现方式为买卖双方提供了一定的保障,但仍属于商业信用范畴,交易的安全性依赖于双方的资信调查和信用评估。

(二)托收

托收作为一种支付方式,主要涉及银行在金融单据或商业单据处理中的角色。其基本功能在于:取得付款和/或承兑,或者在付款和/或承兑的基础上交付单据,抑或按照特定条款和条件交付单据。托收通过银行作为中介来实现付款或承兑的过程,从而确保交易的完成。

在托收的过程中,涉及的单据分为金融单据和商业单据。金融单据,亦称资金单据,包括汇票、本票、支票及其他类似凭证,这些单据用于从债务人处取得付款。商业单据则包括发票、运输单据、物权单据或其他非金融性质的单据,广泛涵盖了与贸易相关的各种凭证。

在国际贸易结算中,托收通常指的是债权人,即出口人,出具债权凭证(如汇票、本票、支票等),并委托银行向债务人,即进口人,收取货款的一种方式。这种支付方式通过银行的介入,不仅确保了款项的收取,还促进了交易的顺利进行,从而在国际贸易中扮演着重要的角色。

1.托收的类型划分

托收是一种广泛应用于国际贸易中的支付方式,根据其具体处理方式,托收可以分为光票托收和跟单托收两种主要类型。

(1)光票托收,指委托人仅提交金融单据而不附带任何商业单据的托收方式,通常用于小额交易、预付货款、分期付款或收取贸易的从属费用等场景。这种方式在国际贸易中较少使用,因为其未附带商业单据,较难确保交易双方的权益。

(2)跟单托收,涉及将金融单据与商业单据一并提交以供托收。此类托收广泛应用于货款收取,附带的单据通常包括发票、装箱单、提单和保险单等。跟单托收根据银行交单条件的不同,进一步分为付款交单和承兑交单。

第一,付款交单(D/P)是指出口商的交单以进口商付款为条件。出口商发货后,银行仅在进口商支付货款后,方可将商业单据交给进口商。付款交单分为即期付款交单和远期付款交单。即期付款交单,要求进口商在见票后立即付款,而远期付款交单则允许进口商在汇票到期日支付货款。若进口商品到货日期基本一致,则可以选择提前付款或使用信托收据提货。信托收据是一种书面信用担保文件，用于进口商在支付货款前先行提货的场景，信托收据的使用为进口商提供了资金周转的便利，但也要求进口商提供相应的担保或抵押品。

第二，承兑交单（D/A）则要求进口商在汇票上进行承兑，出口商在装运货物后开具远期汇票，连同商业单据提交给银行，银行在进口商承兑汇票后，将商业单据交给进口商。在汇票到期时，进口商需支付货款。承兑交单适用于远期汇票，但因其在进口商承兑汇票后即交付物权凭证，出口商的收款保障完全依赖于进口商的信用，这种做法需谨慎使用。

以上托收方式的适用性和风险管理因具体交易情况而异，正确选择托收方式能够有效促进国际贸易的顺利进行。

2.托收的国际规则

在国际贸易领域，托收业务的实施通常因各方对权利、义务和责任的理解差异而产生争议。为了规范托收业务并减少这些争议，国际商会于1958年制定了《商业单据托收统一规则》，并于1995年对其进行了修定，形成了《托收统一规则》（简称《URC522》），自1996年1月1日起实施。该规则共有26条，涵盖了托收业务的各个方面，包括总则及定义、托收方式及结构、提示方式、义务与责任、付款、利息、手续费及费用等。

《URC522》的核心内容包括：首先，凡是在托收指示书中明确注明按照《URC522》行事的托收业务，除非有其他规定或与适用法律相抵触，本规则对所有相关当事人均具有约束力。其次，银行在处理托收事务时应以善意和合理的谨慎态度进行，严格依照托收指示书的内容及《URC522》的规定执行。如果银行决定不处理收到的托收或相关指示，必须以电信或其他最快捷的方式通知发出托收指示的一方。

此外，《URC522》明确托收不得包含凭付款交付商业单据指示的远期汇票。若托收包含远期付款汇票，托收指示书应注明是凭承兑（D/A）还是凭付款（D/P）交付商业单据。若未作此注明，商业单据仅能凭付款交付，代收行对因单据迟交产生的后果不负责任。

托收的操作中，除非事先获得银行的同意，货物不应直接运交给银行或其指定人,银行对跟单托收项下的货物不承担行动义务,货物的风险和责任由发货人承担。银行必须核实所收到的单据是否与托收指示表面相符,发现单据缺失时,有义务及时通知委托人。然而,银行不对单据的形式、完整性、准确性、真伪性或法律效力负责,也不对货物的描述、数量、重量、质量等承担责任。

若委托人在托收指示中指定了代理人以应对拒付或拒绝承兑的情况,代理人的权限应在托收指示中明确标注。否则,银行将不接受该代理人的任何指示。此外,在托收被拒付的情况下,提示行应尽力确定拒绝的原因,并及时将拒付通知送交发出托收指示的银行。发出托收指示的银行收到通知后,必须对单据的处理做出指示,否则提示行在60天内未收到指示时,可以将单据退回。

3.托收方式在国际贸易中的应用

在国际贸易中,托收作为一种商业信用工具,其在交易过程中的作用与局限性需被清晰认识。托收方式主要由银行作为委托人的代理行事,并不提供自身的信用支持。这意味着,银行的角色仅限于代理收款,而不承担付款的保证,也不负责审核单据的完整性。因此,托收方式的风险主要由出口商依赖进口商的信用状况决定。

对于进口商而言,托收方式具有显著优势。进口商能够在无须占用资金的情况下,通过信托收据获取货物,并在销售货物后再行付款。这种方式不仅有助于提升进口商的经营效率,还可以在一定程度上激发其积极性,从而促进出口商的业务扩展。

在我国的出口业务中,托收方式的应用应根据具体情况进行审慎选择。为增强竞争力和扩大出口,企业在选择托收方式时需要考虑:①应对进口商的资信情况及经营风格进行全面评估,并根据其信用程度合理确定成交金额,避免超出其支付能力;②对于贸易管理和外汇管制严格的国家和地区,应谨慎使用托收方式,以防因政策限制或外汇未能及时汇入而造成损失;③了解进口国家的商业惯例也至关重要,以避免因当地习惯影响托收的安全性和效率。

在合同条款方面,建议尽可能按照CIF或CIP条件进行交易,以便由出口商负责货运保险;若不采用这些条件,应至少投保卖方利益险。此外,严格按照合同规定装运货物和制作单据,以防进口商利用单据瑕疵拒绝付款也是必要的。

为了有效管理托收风险,企业应建立健全的内部管理制度,定期检查和催收款项,及时解决可能出现的问题,从而减少潜在损失。托收方式不仅有助于加快资金周转,还能够有效节省交易费用,因此在恰当应用时具备显著优势。

三、当前国际贸易结算发展的新趋势

随着全球经济一体化进程的加速推进,国际贸易结算作为国际经济交往中的核心环节,正经历着深刻变革。近年来,国际贸易结算的发展呈现出一系列新趋势,这些趋势不仅反映了全球经济环境的动态变化,也预示着未来国际贸易结算体系的重构与升级。

(一)数字化技术的应用

数字化技术在国际贸易结算中的应用日益广泛,成为推动国际贸易结算效率提升的重要力量。随着互联网金融技术的兴起,传统的纸质文件和手工操作逐渐被电子支付、区块链和大数据技术等数字化手段所取代。这些技术的应用不仅简化了结算流程,降低了操作成本,还显著提升了交易的透明度和安全性。

电子支付系统的普及,使得国际贸易结算能够实时完成,大幅缩短了结算周期。区块链技术的引入,则通过其去中心化、可追溯的特点,为国际贸易结算提供了一个更加安全、可信赖的交易环境。同时,大数据技术能够对企业交易数据进行深度分析,帮助交易双方更好地预测市场变化和风险,从而做出更加明智的决策。

(二)结算方式的多元化

国际贸易结算方式正朝着多元化的方向发展。传统的信用证支付和电汇支付虽然仍在使用,但支付宝、信信支付等新型支付方式的出现,为国际贸易结算带来了更多的选择。这些新型支付方式不仅便捷快速，还降低了交易成本，推动了国际贸易结算的进一步发展。

此外，随着跨境电子商务的兴起，第三方支付平台在国际贸易结算中的作用日益凸显。这些平台通过提供一站式支付解决方案，简化了跨境交易的流程，提高了交易效率。同时，它们还通过技术创新，为交易双方提供了更加安全、便捷的支付体验。

（三）结算货币的多样化

在国际贸易结算中，结算货币的多样化趋势日益明显。长期以来，美元一直是国际贸易结算的主导货币，但随着多边贸易和多边关系的发展，欧元、人民币、日元等货币在国际贸易结算中的份额逐渐增加。这种多样化趋势不仅反映了全球经济格局的变化，也体现了各国对国际贸易结算货币选择的多样性需求。

人民币作为中国的官方货币，近年来在国际贸易结算中的地位不断攀升。随着人民币跨境结算的放开和人民币国际化进程的加速，越来越多的国家和地区开始接受或积极考虑使用人民币进行贸易和投资结算。这不仅促进了人民币的国际地位提升，也为全球贸易体系的多元化发展注入了新的活力。

（四）金融监管政策的影响

各国金融监管政策对国际贸易结算的发展具有重要影响。随着全球经济环境的变化，各国对国际贸易结算的监管政策也在不断调整和变化。这些政策变化不仅影响了跨境资金流动和跨国贸易结算的便利性，还对国际贸易结算的形式和发展方向产生了深远影响。

一方面，一些国家通过放宽外汇管制和简化结算流程，提高了国际贸易结算的效率和便利性。另一方面，一些国家则加强了对跨境交易的监管，以防止非法资金流动和洗钱等违法行为的发生。这些政策变化既体现了各国对国际贸易结算的监管需求，也反映了全球金融监管体系的不断完善和升级。

(五)风险管理的重要性

在国际贸易结算中,风险管理始终是一个重要的议题。随着全球经济形势的日益复杂和多变,国际贸易结算面临的风险也越来越多。这些风险包括汇率风险、信用风险、政治风险等,对贸易结算的稳定性和安全性构成了严峻挑战。

为了有效应对这些风险,各国和企业在国际贸易结算中越来越重视风险管理的应用。通过采用多元化的风险管理工具和机制,如汇率风险管理工具、信用保险和担保等,各国和企业能够降低风险带来的不利影响,提高贸易结算的稳定性和安全性。同时,各国政府和国际组织也在加强合作,共同推动国际贸易结算风险管理体系的建立和完善。通过制定统一的国际标准和规范,加强信息交流和合作,各国能够共同应对国际贸易结算中的风险挑战,促进全球贸易的可持续发展。

第三节 国际贸易中买卖合同的订立与履行

一、国际货物买卖合同的订立

(一)合同的有效成立

合同的有效成立不仅依赖于交易一方的发盘被对方有效接受,还需满足一系列法律要求,确保合同具备法律效力。未具备法律效力的合同不受法律保护,因此,了解和掌握合同有效成立的条件至关重要。合同有效成立通常需满足以下条件:

当事人必须具备法定行为能力。根据国际贸易的规范,合同当事人可以是个人、法人、国际组织或国家。为遵守国际承诺并放宽外贸经营权,《中华人民共和国对外贸易法》允许自然人从事外贸经营活动。然而,从事货物或技术进出口的经营者须办理备案登记,否则海关将不予办理进出口货物的报关验放手续。

双方当事人的意思表示必须一致。在外贸实践中,通常通过面对面谈判或磋商标准合同文本来达成一致意见并签订书面协议。双方一致的意思表示标志着合同的成立，签字的日期和地点即为合同的成立时间和地点。若通过电话或电传等方式订立合同，合同成立的时间和地点通常以发盘方收到接受答复的时间和地点为准。

合同的标的和内容必须合法。限制和禁止进出口的产品包括为了维护国家安全、公共利益或公共道德需要限制或禁止的产品，以及为了保护健康、环境、资源等需限制的产品。该法律明确了多种情况，其中包括国内供应短缺、市场容量有限、出口经营秩序混乱等情形，均可能导致限制或禁止进出口。

合同的形式需符合法律规定。买卖合同及其更改或终止、发盘或接受等意思表示不要求书面形式，可以通过包括证人在内的任何方式证明。尽管如此，在实际外贸操作中，书面合同仍然是常用的形式，以确保交易的明确和法律保护。

（二）书面合同的签订

书面合同在法律和实践中扮演着关键角色，为合同的成立和履行提供了明确的依据。在国际贸易中，书面合同不仅作为法律证明的工具，也可能成为合同生效的条件。

书面合同的类型多样且无特定格式限制。在国际贸易中，常见的书面合同包括销售合同、购货合同、成交确认书、协议、备忘录、意向书和订单等。在中国对外贸易业务中，销售合同和销售确认书为主要使用形式。正式合同通常包括明确标示“合同”的法律文件，如销售合同和购货合同，而确认书则较为简便，主要用于交易双方在磋商后确认交易条件的书面证明。虽然确认书的形式较为简单，但经双方签署后同样具有法律效力。

书面合同的内容通常包括以下部分：首先，合同的序言部分，即合同的前言。这一部分包含合同的名称、订约双方的名称和地址，并通常阐明双方订立合同的意愿及执行合同的保证。合同序言具有约束力，因此在撰写时需谨慎。其次，合同的主体部分，即基本条款。该部分详细列明交易条件，包括商品的名称、品质、规格、数量、单价、包装、交货时间与地点、运输与保险条件、支付方式等。此外,基本条款还涵盖检验、索赔、理赔、不可抗力和仲裁等条款,这些条款明确了双方的权利和义务。最后,合同的尾部,即约尾部分。这部分通常列明合同的份数、使用的文字及其效力、订约的时间和地点以及合同的生效时间。特别是订约地点的选择常涉及合同适用法律的问题,因此需要慎重考虑。出口合同的订约地点通常标明在中国,而有些合同则将“订约时间和地点”直接在序言中注明。

二、出口合同的履行

在我国的出口合同中,CIP、CIF、CPT、CFR等贸易术语被广泛采用,同时,信用证付款方式也成为主要的支付手段。以成本、保险加运费(CIF)贸易术语为例,履行合同的过程涉及多个关键环节,这些环节对于合同的顺利履行至关重要。这些环节包括备货、催证、审证、改证、租船订舱、报验、报关、投保、装船和制单结汇。

在这些环节中,货物准备(备货和报验)、证书管理(催证、审证和改证)、船运安排(租船订舱和货运手续)以及款项处理(制单结汇)是最为重要的部分。货物准备和证书管理确保了商品的质量和合规性;船运安排则涉及物流的效率和成本控制;款项处理则确保了资金的及时回收和合同的财务结算。这四个环节在合同履行中扮演着核心角色,并且在其他贸易术语或运输方式下的出口合同中,也具有相似的重要性和普遍性。因此,无论采用何种贸易术语,履行合同的关键环节在不同的运输方式或支付方式下,通常会保持大致一致的结构。为此,就以上述货、证、船、款作为参考顺序,将出口合同(CIF术语、信用证下)履行所涉及的各项业务环节分述如下。

(一)备货与报验

出口合同成立后,买卖双方按照合同规定履行各自的义务;若有违约,则要承担相应的责任。合同的履行程序依据合同规定的交易条件而定。[①]备货工作是指卖方根据出口合同的规定,按质、按量准备好应交的货物并做好申请报验和领证工作。

---

①刘丁有,王冬英.国际贸易实务[M].北京:对外经济贸易大学出版社,2016:7.

1.备货

备货在国际贸易过程中扮演着至关重要的角色，涉及卖方根据合同或信用证的要求采购和准备货物的全过程。在生产型企业中，备货通常包括向生产加工或仓储部门发出联系单，以确保货物的清点、加工、整理、包装及其他相关工作。这些联系单不仅作为企业内部协调备货、出运、制单和结汇的依据，也对货物的管理至关重要。在贸易型企业中，由于缺乏固定的生产加工部门，备货则需要联系国内生产企业并签订采购合同，以确保货源的可靠性。

在备货过程中，卖方需特别关注以下关键问题：

(1)货物的质量和规格必须严格按照合同或信用证的要求进行核实，必要时需要进行加工整理，以确保货物的质量和规格与合同或信用证的规定一致。此外，货物的数量也需满足合同或信用证的要求，并应适当留有余地，以应对装运过程中的意外情况、损失或调整舱容的需求。备货时间的安排也非常重要，应依据合同或信用证的规定，并结合船期安排，以确保货物与船期的衔接。对贸易型企业而言，准确的时间安排能够有效避免由于备货延误而造成的合同违约或业务损失。

(2)在包装方面，出口货物通常需经历长途运输及多次搬运和装卸，因此良好的包装至关重要。包装的质量直接影响到货物的安全性和完好性，防止在运输过程中发生损坏。

(3)货物外包装上的运输标志的正确刷制也是备货中的重要环节。这些标志不仅需符合运输和有关国家海关的规定，还需确保货物的适当处置，说明包装内货物的性质，并帮助收货人准确识别货物。因此，运输标志的准确性和规范性对保障货物的顺利运输和交付具有重要作用。

2.报验

报验是指在国家规定的法定检验商品或合同要求经中国官方检验机构出具检验证书的情况下，货物备齐后向中国海关申请检验的程序。对于所有符合这些要求的商品，必须在货物准备好之后，向海关提交检验申请。海关将在取得合格的检验证书或放行单后，才会对货物进行放行。未能通过检验的货物将不具备出口资格。此程序旨在确保出口商品符合国家标准和合同约定，从而保障国际贸易的顺利进行。

（二）催证、审证和改证

催证、审证和改证是信用证付款方式下的重要程序，直接影响到交易双方的权益及履行合同的安全性。其核心在于保障卖方能够安全、准确地获得付款，并确保合同条件得到执行。

催证，涉及在合同约定使用信用证支付的情况下，督促买方及时开立信用证。买方应严格按照合同要求，按时开立信用证，确保卖方能够在约定时间内正常履行合同。如果买方未按时开立信用证，卖方应采取措施催促对方，以确保交易的顺利进行。特别是对于大宗商品或定制商品的交易，更需要密切关注备货情况，适时进行催证，以减少因信用证延迟开立带来的风险。

审证，是对收到的信用证进行详细核查的过程，确保其内容与合同条款相一致。由于各种因素，实际开立的信用证可能与合同存在不符之处，例如条款添加或修改可能影响卖方的收款安全。卖方应依据合同要求，对信用证进行全面审核，包括信用证的真实性、条款的准确性及是否符合国际贸易惯例等。银行与出口商共同承担审证责任，银行侧重于信用证的真实性及开证行的资信情况，而出口商则需重点核对信用证内容与合同的一致性。

改证，是指在发现信用证存在问题后，要求对信用证进行修改的过程。发现问题后，卖方需与相关部门协商，向买方提出修改要求，并确保所有修改在发货前完成，以免因货物已装运而修改通知未到造成的风险。依据UCP600的规定，不可撤销信用证的任何修改需经过所有相关方的同意，修改条款必须全面接受，部分接受修改将被视为无效。此外，卖方在处理改证时应尽量减少多次修改的情况，以免增加额外费用和不良影响。

这些程序在保证合同履行和确保收汇安全方面发挥着至关重要的作用。有效的催证、审证和改证操作是保障交易顺利进行的关键，必须给予充分重视并进行细致的管理。

(三)办理货运、报关和投保

在出口合同履行过程中,及时办理货运、报关和投保手续是保障交易顺利进行的关键环节。现代信息技术的迅猛发展,特别是电子商务和EDI电子数据交换技术,正重塑国际货物运输的传统运作模式。信息通信技术的广泛应用不仅提升了运输效率,还使得全球运输服务更加专业化。为了实现快速和精准的物流操作,出口企业需要依赖于专业的货运服务机构和全球运输监控系统。

在办理货运方面,出口企业应在备齐货物和相关单据后,委托国际货运代理公司办理订舱手续。这一过程通常包括填写订舱委托书、提交发票和装箱单,以及接受船公司确认的托运单。船公司在确认订舱后,会签发装货单,并进行必要的报关和装货操作。随后,企业需根据船公司的装货确认,办理装船提单,并及时向进口方发出装运通知,以确保进口方能够准备付款、办理进口报关和接货手续。

报关作为进出口货物的法定程序,要求企业在货物出运前向海关申报,并提供必要的单据和文件。无论是自主办理报关手续还是通过专业报关行,均需填写出口货物报关单,并附上出口合同副本、发票、装箱单及其他相关证件。海关对出口货物的查验和放行是确保货物合法出境的必要步骤。

投保,是确保出口货物在运输过程中得到有效保障的重要环节。特别是对于CIF价格成交的合同,卖方需在装船前完成投保手续,向保险公司提供货物信息、保额、运输路线等详细资料,以获取保险单或保险凭证。投保的及时性和准确性直接影响到货物的风险管理和交易的顺利进行。

上述环节表明,出口合同的履行涉及货、证、船三方面的协调与平衡。这要求出口企业建立科学的合同管理制度,进行有效的进程管理,以确保在合同履行过程中避免交货期延误或其他履约问题的发生。

(四)信用证项下制单结汇

在信用证付款条件下,出口企业在完成货物装运后,应按照信用证的要求,正确制备相关单据,并在信用证规定的交单有效期内提交银行,以便办理议付和结汇。此过程包括收妥结汇、押汇和定期结汇三种主要方式，每种方式有其特定的操作流程和适用情况。

收妥结汇，是指在议付行收到出口企业的单据并审核无误后，向国外开证行索取货款。此方式下，议付行在收到开证行的付款确认后，依据当日的外汇牌价，将货款折算成人民币，并将其划入出口企业账户。这种方式的关键在于待收款项到位后再进行结汇，确保了资金的安全性。

押汇，又称为买单结汇，是议付行在审核单据无误后，依据信用证条款，对汇票进行贴现处理。议付行从票面金额中扣除利息后，将剩余款项折算成人民币并拨付给出口企业。此方式提供了对出口企业的融资便利，有助于加速资金的流转。银行在这种操作中，通过垫付资金并持有汇票，能够向开证行索取票款。

定期结汇，是议付行根据预计的索款时间，预设一个固定的结汇期限，并与出口企业达成协议。在这一期限到期时，无论是否收到国外开证行的付款，议付行都会将票款折算成人民币，并支付给出口企业。这种方式保障了出口企业在预定时间内能够获得资金，不受外部索款延迟的影响。

在实际操作中，单证不符的情况时有发生，处理方法主要包括表提、电提和跟单托收。表提指的是在单证不符的情况下，信用证受益人主动向议付行提出不符点，并提供担保书，议付行在这种情况下进行货款议付。电提则是在单证存在实质性问题时，议付行通过电报或电传向开证行询问，待开证行同意后再寄送单据。跟单托收是当单证不符且议付行不愿使用表提或电提方式时，出口企业将单据通过托收方式委托银行代为收款。此方式下，信用证的付款保证不再有效，出口收汇转为商业信用。

各类结汇方式和单证处理方法的选择，均对出口企业的收款安全及资金流动产生直接影响，必须依据具体情况进行合理安排。

三、进口合同的履行

在我国的进口业务中，当交易采用FOB术语并通过即期信用证支付时，履行过程涉及多个环节。履行这一类型的进口合同通常需要经过开立信用证、租船订舱、装运、办理保险、审单付款、接货报关、检验、拨交以及索赔等步骤。这些环节的有效完成依赖于进出口公司、运输部门、商检部门、银行、保险公司以及用货部门等各方的协作与配合。这些环节的高效运作不仅依赖于各相关部门的精密配合,还需要对各环节进行严格的管理和监督,以确保整个进口流程的顺利进行,满足合同的各项要求。现将履行进口合同(FOB术语、信用证下)的主要环节分别介绍如下。

(一)开立信用证

开立信用证作为进口合同履行的关键环节,涉及多个步骤和要求。进口商在合同签署后,首先需填写开立信用证申请书,并向银行提交必要的押金或抵押品,同时支付相关的开证手续费。信用证的条款应严格依据合同内容,包括但不限于货物的品质、品名、规格、数量、价格、交货期、装货期、装运条件及相关的装运单据。条款的准确性和全面性对于确保交易的顺利进行具有至关重要的作用。

开证时间的安排应严格按照合同约定进行。如果合同要求在卖方确定交货期后或在收到相关证明文件之后才开立信用证,则买方必须在收到这些通知后及时办理信用证的开立。此举不仅保障了交易双方的权益,也确保了合同条款的履行能够依时展开。

在卖方收到信用证后,若发现需要对信用证内容进行修改,例如展延装运期或变更装运港口,卖方应首先获得买方的同意,然后向银行申请信用证的修改。此过程确保了所有变更均得到双方的认可,并按照合同和信用证的要求得以实施。

整体而言,开立信用证的过程不仅涉及详细的条款设定和及时的操作,还需要双方在执行中的密切配合与沟通。确保信用证的条款符合合同规定,并按时开立和修改,是保证国际贸易交易顺利进行的基础。

(二)派船接运货物

在进出口交易中,派船接运货物的安排主要由买方负责,特别是在采用FOB术语的情况下。在这种交易术语下,买方承担着在卖方通知预计装运日期后,迅速进行租船订舱的责任。这一过程涉及向货运代理公司办理租船手续,并确保所订船舶的名称和预计到港时间及时通知卖方,以便卖方能够根据这些信息进行准确的装船安排。

买方还需对整个运输过程进行监督,以防止可能出现的船货脱节问题。为此,买方可在必要时通过驻外机构对卖方进行督促,确保卖方按时履行装船义务。这种监督机制有助于确保交易过程的顺利进行,避免由于装船延误或其他问题导致的不必要损失。

卖方在完成装船后,应及时发出装船通知。这一通知的及时发出不仅使买方能够进行后续的保险安排,还为买方的接货安排提供了必要的依据。通过这种协作与信息共享机制,买卖双方能够有效配合,确保货物顺利运输到目的地,维护交易的顺利进行。

(三)投保货运险

在投保货运险的过程中,FOB或CFR交货条件下的保险由买方负责办理。进口商在选择保险方式时,通常可以选择逐笔投保或预约保险两种方式。逐笔投保要求进口商在收到装船通知后,直接向保险公司办理投保手续。这种方式的特点在于其灵活性,允许进口商根据每次货物装运的具体情况进行保险安排。预约保险则是基于预先签订的保险合同,所有符合条件的货物均由保险公司自动承保。这种方式的优势在于其便利性和连续性,确保了所有相关货物在运输过程中均获得保险覆盖。

每种保险方式各有其适用场景与优势。逐笔投保允许在每次货物装运时进行具体的风险评估和保险安排,而预约保险则通过预先设定的合同条款提供系统化的保险覆盖,简化了保险办理流程。通过这些投保方式的选择和实施,进口商可以确保其货物在运输过程中获得适当的保险保护,降低潜在的风险和损失。

(四)审单和付汇

在审单和付汇的流程中,银行负责依据信用证的条款对单据进行核查,以确保其份数和内容的准确性。审单过程中,银行对单据的核对严格遵循信用证规定,以保障交易的规范性与安全性。如果单据完全符合信用证要求，银行将按约定进行付款操作。此时，进口商需根据国家外汇管理规定，以人民币购买相应的汇票，以完成支付流程。

在单据出现不符的情况下，银行的措施可能包括停止付款、部分付款或要求进口商对单据进行修改。这些措施旨在确保所有交易单据的合规性，并防范潜在的交易风险。通过这种审单机制，银行不仅维护了信用证的执行质量，还保障了进口商与出口商之间的交易稳定性与合法性。

(五)报关、纳税

报关与纳税是进口货物到达后必不可少的程序。进口商必须凭借提单换取提货单，并依据进口单据向海关进行申报。在申报过程中，需附上相关证件，如发票、提货单和装箱单等。海关依据《中华人民共和国海关进口税则》对货物进行税费征收。该税则规定了各种进口税费的标准和计算方式，确保海关对进口货物的处理符合国家的税收政策和经济法规。通过规范的报关和纳税程序，进口商不仅履行了法律义务，同时也为后续的货物流通和销售奠定了合法的基础。

(六)验收和拨交货物

验收和拨交货物的环节涉及对到港货物的全面核对。港务局在货物卸载过程中负责核对货物的数量和状态，如若发现货物短缺或损坏，必须填写详细的报告并向船方提出索赔请求。对法定检验的货物，商检机构将进行必要的检验，以确保货物符合相关的质量和安全标准。

在验收完成后，货物将根据订货单位的地理位置进行转交或委托转运。这一过程要求准确无误地将货物移交至最终目的地，以便进行后续处理和分配。通过规范的验收程序和有效的货物转交机制，能够保障货物交易的顺利完成，确保货物在到达目的地时的状态符合预期要求。

(七)进口索赔

进口索赔是当进口货物的质量、数量或包装不符合合同规定时，进口商向相关责任方要求赔偿的程序。该过程涵盖了明确责任方、提供充分证据、确定索赔金额及遵守索赔期限等关键方面。通常情况下，国际货运代理公司负责处理与船方和保险公司相关的索赔事务，而进口商则直接向卖方提出责任索赔。有效的索赔管理要求各方之间密切协作，确保检验结果的准确性和证据的充分性，并及时提出索赔请求。这种协作不仅有助于维护交易双方的权益，还能促进货物贸易中的规范操作。

四、国际贸易合同的现代化管理

（一）电子合同与国际贸易

随着信息技术的迅猛发展和电子商务的普及，电子合同作为一种新兴的合同形式，在国际贸易中发挥着越来越重要的作用。电子合同，即通过信息网络以电子形式达成的设立、变更、终止民事权利和民事义务的协议或契约，其载体主要表现为电子数据交换（EDI）和电子邮件（E-mail）。实质上，电子合同是“无纸化的书面合同”，代表了现代商业交易中的一种高效、便捷、安全的合同形式。

电子合同在国际贸易中的应用，极大地促进了交易的效率。传统合同需要经历复杂的纸张文档处理、邮寄和签署过程，不仅耗时费力，而且容易受到地理位置的限制。而电子合同则打破了这些限制，使得交易双方可以在任何时间、任何地点，通过网络平台轻松完成合同的签订。这不仅降低了交易成本，还加速了交易的进程，使得国际贸易更加灵活和高效。

在国际贸易中，电子合同的法律效力得到了广泛的认可。根据国际上的电子商务实践，结合《中华人民共和国合同法》的相关规定，电子合同被视为书面形式的一种，与纸质合同具有同等的法律效力。这意味着，使用电子数据交换或电子邮件订立的合同，不得仅仅因为其是电子形式而否定其有效性或可执行性。这一规定为电子合同在国际贸易中的广泛应用提供了坚实的法律基础。

此外，电子合同还促进了国际贸易的透明度和标准化。电子合同通常以标准化的格式呈现，包含了详尽必要的条款内容，如货物描述、价格、支付方式、交货时间等。这不仅有助于交易双方明确各自的权利和义务，减少误解和纠纷，还有助于提升国际贸易的规范化和标准化水平。同时，电子合同的信息记录功能，使得交易过程的所有信息都可以被完整地保存和追溯，从而提高了交易的透明度和可信度。

然而，电子合同在国际贸易中的应用也面临一些挑战。例如，不同国家之间对于电子合同的法律框架和监管要求存在差异，这可能导致跨国交易中的法律冲突和不确定性。此外，电子合同的安全性也是一个值得关注的问题。由于电子数据易于被篡改和复制，如何确保电子合同的完整性和真实性，防止合同欺诈和非法修改，成了一个亟待解决的问题。因此，在国际贸易中推广电子合同时，需要建立健全的法律体系和监管机制，加强国际合作与协调，共同推动电子合同的规范化、标准化和安全化发展。

（二）国际贸易合同的法律框架

国际贸易合同的法律框架是国际贸易中不可或缺的一部分，它为交易双方提供了明确的法律指导和保障。国际贸易合同的法律框架主要由国内法和国际法两部分构成。

在国内法层面，各国都有自己的合同法体系，用于规范国内贸易合同的签订和履行。这些合同法体系通常包含了合同的成立、履行、变更和终止等方面的规定，为交易双方提供了基本的法律保障。然而，由于不同国家的法律体系存在差异，国内法在国际贸易中的应用可能会受到一定的限制。因此，在国际贸易中，交易双方通常会选择适用某个特定的法律体系来解决合同争议，如《联合国国际货物销售合同公约》等。

《联合国国际货物销售合同公约》是联合国国际贸易法委员会在1980年通过的一部公约，旨在为国际货物销售合同提供一套统一的规则。该公约适用于营业地在不同国家的当事人之间的货物销售合同，但不适用于政府采购合同、消费者合同或商事仲裁协议等。公约规定了合同成立的要素和要件、合同履行的方式和条件、违约责任的形式和赔偿方法以及争议解决的方式和程序等。这些规定为国际贸易合同的签订和履行提供了明确的法律指导，有助于减少国际贸易中的法律风险和不确定性。

在国际法层面，除了《联合国国际货物销售合同公约》外，还有一系列其他国际法律文件和规则，如《国际贸易术语解释通则》《关税与贸易总协定》

《世界贸易组织协定》等,这些法律文件和规则共同构成了国际贸易合同的法律框架。

《国际贸易术语解释通则》是国际商会制定的一系列解释国际贸易术语的规则。这些术语用于描述商品价格、交货条件、运输、保险和其他相关费用。通过使用这些术语,买卖双方可以明确各自的权利和义务,减少误解和争议,并促进国际贸易的顺利进行。

《关税与贸易总协定》和《世界贸易组织协定》则是多边贸易体系的基石。它们通过降低关税和消除非关税壁垒,推动国际贸易的自由化和规范化。这些协定不仅为国际贸易提供了基本的法律框架和规则,还通过争端解决机制为国际贸易中的争议提供了有效的解决途径。

在国际贸易合同的法律框架中,各国法律和国际法律文件相互补充、相互协调,共同为国际贸易合同的签订和履行提供了坚实的法律保障。然而,由于国际贸易的复杂性和多样性,法律框架的应用也可能面临一些挑战。因此,在国际贸易中,交易双方需要充分了解并遵守相关法律法规和规则,加强法律风险的防范和管理,以确保合同的顺利履行和交易的成功完成。

(三)合同履行中的争议解决机制

在国际贸易合同的履行过程中,争议是难以避免的。这些争议可能源于合同条款的模糊性、交易双方的误解、货物质量的问题、交货时间的延误等多种原因。为了有效解决这些争议,维护交易双方的合法权益,国际贸易中建立了一套完善的争议解决机制。

协商解决是合同履行中争议解决的首选方式。当争议发生时,交易双方应当首先尝试通过友好协商的方式解决争议。这有助于双方了解彼此的需求和利益,寻找共同点,达成和解。协商解决不仅成本较低,而且能够维护双方的商业关系,促进未来的合作。因此,在争议发生时,交易双方应当积极寻求协商解决的途径。

如果协商解决无法达成一致,交易双方可以寻求第三方的调解。调解是一种非正式的争议解决方式,由调解人协助双方当事人理清争议焦点,提出解决方案,促使双方达成和解。调解通常具有灵活性和保密性,能够根据双方的需求和利益进行定制化的解决方案。同时,调解还能够避免争议升级和诉讼带来的负面影响,有助于维护双方的商业声誉和形象。

当协商和调解都无法解决争议时,交易双方可以根据合同中的仲裁条款或协议,将争议提交给仲裁机构进行裁决。仲裁是一种正式的争议解决方式,具有法律约束力。仲裁机构会根据事实和合同约定,对争议进行裁决,并做出具有法律效力的仲裁裁决。仲裁裁决具有终局性,双方必须遵守。仲裁裁决的做出通常较快,且成本相对较低,因此被广泛应用于国际贸易中的争议解决。

除了仲裁外,诉讼也是合同履行中争议解决的一种方式。当争议无法通过协商、调解和仲裁解决时,交易双方可以向法院提起诉讼,由法院进行判决。诉讼通常具有强制性和公正性,能够确保争议得到公正的处理。然而,诉讼的成本较高,且程序复杂,可能会对双方的商业关系造成不可逆转的损害。因此,在国际贸易中,诉讼通常被视为最后的争议解决方式。

在合同履行中的争议解决机制中,协商、调解、仲裁和诉讼等多种方式相互补充、相互协调,共同为交易双方提供了多样化的争议解决途径。这些机制不仅有助于维护交易双方的合法权益,促进国际贸易的顺利进行,还有助于提升国际贸易的法治化水平,推动国际贸易的可持续发展。

然而,不同的争议解决方式具有不同的特点和适用条件。在国际贸易中,交易双方应当根据争议的具体情况,选择合适的争议解决方式。同时,为了有效预防和减少争议的发生,交易双方还应当在合同签订前进行充分的调查和评估,明确合同条款的内容和范围,加强合同的履行管理和风险控制。此外,各国政府和国际组织也应当加强合作与协调,共同推动国际贸易争议解决机制的完善和发展,为国际贸易的繁荣和稳定提供有力的法律保障。

第四章 国际贸易中的交易方式

第一节 经销与代理方式

一、经销方式

(一)经销的种类

国际贸易中的经销是指出口商(供货商)就某一种商品的售价、数量、销售地区、期限和其他主要事项与国外进口商(经销商)达成协议,利用国外经销商推销商品的一种方式。

经销业务中有两个当事人:出口商和经销商,双方是买卖关系。[①]经销商凭借其市场信誉、资金实力及销售渠道,从出口商处购得商品,进而独立开展销售活动,承担由此产生的所有经济后果,包括盈利与亏损,以及伴随的市场风险。为确保双方权益,经销合作通常通过详尽的经销协议来明确界定各自的权利、义务与责任,为合作的顺利进行奠定坚实的法律基础。

1.传统经销方式

(1)一般经销。一般经销,作为国际贸易中常见的商品分销方式,其本质在于供货商与海外经销商之间通过签订经销协议,确立了一种特定商品在指定地区及时间段内的销售合作关系。在此模式下,供货商授权经销商在一定范围内经营一项或多项商品,赋予其销售权,同时,经销商承担着维护供货商利益的责任,并可能需要根据实际情况,为经销商提供技术支持服务及开展相应的宣传推广活动。作为合作的另一方,供货商亦有义务向经销商提供必要的协助,以促进双方合作的顺利进行。

---

①成喜玲,孙林霞.国际贸易实务[M].天津:天津大学出版社,2021:221.

在一般经销框架下,尽管经销商享有一定的购货优惠,并拥有商品的经销权,但这并不等同于获得了独家专营的权利。供货商保留在同一市场区域内指定多个经销商的权利,这意味着经销商需面对来自同品牌其他经销商的竞争,同时也促使其更加积极地投入市场推广与服务优化中,以在竞争中保持优势地位。这种机制促进了市场的活跃度,同时也考验着供货商与经销商之间的策略协同与利益平衡能力。

(2)独家经销。独家经销,亦被业界称为包销,是一种供货商通过正式协议,将特定商品或商品类别在特定地域及时间段内的独家经营权授予海外某一特定客户或企业的商业策略。此模式下,获授权的国外客户或企业享有对该商品在该地区的独家经营权,排除了其他潜在竞争者的介入。

独家经销协议不仅界定了双方在既定时间与空间内的合作框架,还明确了双方在经营目标与市场开发上的高度一致性与共同利益,为双方基于平等互利原则的紧密合作奠定了坚实的基础。该模式能够有效激发经销商的经营热情,促使其专注于约定商品的销售,并积极提供必要的售后服务,以满足市场需求。同时,这也为供货商提供了对市场销售进行全方位、系统性及长期规划的机会,便于其采取短期与长期相结合的营销策略,以实现市场渗透与份额增长。

然而,独家经销模式并非毫无风险。一方面,若独家经销商同时经营其他供货商的商品,其注意力与资源可能会被分散,难以全力投入约定商品的销售中;另一方面,若独家经销商的经营能力有限,即便付出努力,也可能难以达到协议约定的最低销售额,从而影响供货商的市场预期与收益。更为严重的是,若独家经销商行为不端,意图利用独家经营权压低商品价格,供货商将面临直接的经济损失。因此,在采用独家经销模式时,供货商需对经销商的信誉、能力及市场策略进行全面评估,以规避潜在风险,确保双方合作的稳健与持久。

2.现代经销方式

(1)特许经营。特许经营涉及出口企业(特许人)通过合同形式,将其品牌资产(包括商标、商号、产品、专利和专有技术、经营模式等)授权给进口商

(受许人)使用。受许人则在统一的业务框架内开展业务活动,并向特许人支付特许权使用费或其他相关费用。特许经营不仅有助于出口企业快速渗透新市场,还能利用受许人的本地市场洞察力和资源网络,加速销售增长和市场扩张。通过这一模式,出口企业能够更有效地传递品牌价值,同时降低进入新市场的风险和成本。

(2)电子商务经销。随着信息技术的飞速发展和电子商务的日益成熟,电子商务经销已成为国际贸易中的重要组成部分。该模式突破了传统经销方式在时间和空间上的限制,使得经销商能够随时随地访问产品信息、进行在线下单,并享受由电子商务平台提供的便捷物流配送服务。电子商务经销商还通过大数据分析、个性化推荐等先进技术,为经销商提供了丰富的营销工具和数据支持。这些工具不仅有助于经销商更深入地了解市场需求和消费者行为,还能指导其制定更为精准和有效的销售策略,从而提升销售业绩和市场竞争力。

(3)跨境电商平台经销。跨境电商平台的兴起为国际贸易带来了革命性的变化。通过跨境电商平台,出口企业能够直接将产品展示给全球消费者或进口商,无需依赖传统的经销商渠道。这一模式极大地降低了中间成本,提高了销售效率,并有助于出口企业快速拓展国际市场。跨境电商平台还提供了跨境支付、物流追踪、售后服务等一站式解决方案,进一步简化了国际贸易流程,降低了交易风险。通过跨境电商平台,出口企业能够更直接地接触全球消费者,了解市场需求变化,从而调整产品结构和营销策略,以适应国际市场的竞争态势。

(4)联合经销与分销网络。在国际贸易中,出口企业往往面临着市场准入、品牌知名度提升等方面的挑战。为了克服这些挑战,出口企业可以与其他企业合作,共同建立联合经销或分销网络。通过这一模式,各方能够整合各自在资源、技术、市场等方面的优势,实现资源共享和优势互补。联合经销与分销网络不仅有助于提升销售效率和市场竞争力,还能促进各方在技术创新、市场拓展等方面的深度合作。通过这一模式,出口企业能够更快速地适应市场变化,抓住发展机遇,实现可持续发展。

(二)经销协议的内容

经销协议,作为连接供货商与经销商之间权利与义务的桥梁,是确立双方法律关系、保障交易顺利进行的重要契约文件。其内容的详略程度并非一成不变,而是需根据商品特性、经销区域的具体情况及双方当事人的合作意愿进行灵活调整。在实际商业实践中,多数经销协议倾向于首先概括性地界定双方的基本权利、义务及通用交易条件,随后,针对每一批次货物的具体交付细节,双方会基于经销协议的基本原则,进一步签订详细的买卖合同。

具体而言,经销协议的内容框架通常涵盖以下核心方面:

1.经销商品的范围

经销商品的范围在经销协议中占据着举足轻重的地位,它是双方合作的基础与核心。这一范围既可以广泛覆盖供货商所提供的全部产品线,展现出合作的全面性与深度;也可以精准聚焦于其中的特定部分,以满足特定市场或消费者的独特需求。因此,在经销协议的制定过程中,明确而具体地界定经销商品的范围显得尤为重要。

在界定经销商品范围时,必须细致入微地考虑到同类商品中的不同品牌、型号及规格。这不仅有助于双方在实际操作中避免混淆与误解,还能确保经销商能够准确地把握市场需求,从而做出符合消费者偏好的推荐与销售。同时,这一界定还需与供货商的市场策略紧密相连,确保经销商品与供货商的整体市场布局相协调,共同推动品牌影响力的提升。

此外,经销商品范围的界定还需充分考虑经销商的经营能力及信用状况。合理的范围设定能够确保经销商在自身能力范围内进行采购与销售,避免因过度承压而导致的经营风险。同时,良好的信用状况也是经销商能够履行协议、保障双方合作稳定的重要保障。

2.经销数量与金额

在经销协议中,对于经销商在一定时期内应承购的商品数量及相应金额的规定,是协议中不可或缺的重要组成部分。这些量化指标不仅为经销商设定了明确的采购任务与目标,还为其提供了具体的销售指导与方向。同时,对于供货商而言,这些规定也划定了其必须保障供应的底线,确保了双方合作的稳定性与可持续性。

经销数量或金额的设定通常采用“最低承购额”制度。这一制度要求经销商在特定时间段内必须达到一定的采购量或金额下限,从而确保了供货商的基本销售量与市场份额。同时,为了增强协议的可操作性与透明度,双方还需详细阐述计算这一承购额的具体方法,包括计算周期、计算依据及调整机制等。

通过合理设定经销数量与金额,双方能够平衡各自的利益诉求,促进销售目标的顺利达成。此外,这一设定还能有效降低因供需不匹配而引发的风险,如库存积压、销售滞后等,从而确保双方合作的稳健与高效。因此,在经销协议的制定过程中,双方应充分协商、共同确定合理的经销数量与金额,为双方合作的长期稳定发展奠定坚实基础。

3.经销地区

经销地区,作为经销商行使经营权的地域界限,是经销协议中不可或缺的关键要素。这一地理范围既可以是单一或多个城市,也可以扩展至某一特定区域,乃至跨越国界,涵盖一个或多个国家。经销地区的大小并非随意划定,而是需经过深思熟虑的决策过程。

在确定经销地区的大小时,需考虑经销商的经营规模、经营能力及销售网络的覆盖范围。这些因素直接决定了经销商能够有效管理和拓展的市场边界。同时,地区的行政划分、地理特征和交通条件也是不可忽视的影响因素。行政划分的清晰性有助于明确经销区域的法律边界,而地理特征和交通条件的优劣则直接影响到商品的分销效率和成本。

此外,市场差异程度也是决定经销地区大小的重要因素。不同地区的市场需求、消费习惯及竞争态势可能存在显著差异,这些差异要求供货商和经销商在划定经销区域时,必须充分考虑市场的细分特点和差异化策略。

在独家经销协议中,经销地区的独家性得到了进一步强化。供货商在独家经销区域内不得再指定其他经销商经营同类商品,这一规定旨在保护独家经销商的市场独占地位，确保其能够获得足够的利润空间以支撑其经营活动。同时，独家经销商也被严格禁止将独家经销商品跨区销售，以维护市场秩序和价格体系的稳定。

4.作价方法

作价方法即经销商品的价格确定方式，是经销协议中另一核心条款。传统的作价方法是在规定的期限内一次作价，结算时以协议中明确规定的固定价格为准。然而，这种方法由于要求交易双方共同承担价格变动的风险，因此在实际操作中较少被采用。

鉴于市场价格的波动性和不确定性，大多数经销协议倾向于采用分批作价的办法。这种方法允许双方根据市场情况的变化，灵活调整商品的价格，从而更好地适应市场需求和竞争态势。分批作价不仅有助于降低双方的价格风险，还能激发经销商的销售积极性，促进商品的快速流通。

除了分批作价外，双方还可以定期根据市场情况进行商定，以确定更为合理的商品价格。这种商定过程通常涉及对市场价格趋势的分析、竞争对手的定价策略以及消费者需求的变化等因素的综合考量。通过定期商定作价方法，双方能够保持对市场动态的敏锐洞察，及时调整价格策略，以确保经销活动的顺利进行和双方利益的最大化。

5.经销期限与终止条款

经销期限作为界定经销协议法律效力的时间框架，是协议中至关重要的组成部分。它通常被明确界定为自签字生效之日起的一年或若干年，为双方的合作提供了一个明确的时间预期。为了增强协议的灵活性和适应性，经销期限往往还伴随着延期条款的设计。这些条款可能允许双方通过协商一致来延长合作期限，或者规定在协议到期前的特定天数内，若未收到任何一方发出的终止协议通知，则协议自动续期。这样的安排有助于确保双方有足够的时间来评估合作效果，并做出是否继续合作的决策。

然而，经销期限并非不可变更的绝对界限。在特定情况下，协议可能会提前终止。这些情况包括但不限于：①任何一方出现实质性的违约行为，且在收到对方要求纠正的通知后，未能在规定的期限内采取有效措施进行纠正;②任何一方遭遇破产清算、公司重组等重大变故,导致无法继续履行协议义务,此时另一方有权发出书面通知终止协议;③因不可抗力事件导致协议无法履行,且受事件影响的当事人在事件发生后仍无法恢复履行能力,此时另一方同样有权提出终止协议。

6.经销商的其他义务

在经销协议中,除了基本的商品购销义务外,经销商通常还需承担一系列附加义务。这些义务可能包括负责商品的广告宣传工作,以提升品牌知名度和市场占有率;进行市场调研,以准确把握市场需求和消费者偏好;以及积极维护供货商的合法权益,确保双方在合作过程中的利益最大化。

此外,经销协议中还应涵盖一系列一般交易条件,以进一步完善协议的法律框架。这些条件可能包括不可抗力条款,用于明确在遭遇不可抗力事件时双方的权利和义务;以及仲裁条款,用于规定在协议执行过程中发生争议时的解决方式和程序。这些条款的设定方法与一般买卖合同相似,旨在确保双方在合作过程中的权益得到充分保障,同时提高协议的可执行性和争议解决的效率。

(三)经销方式的注意事项

经销方式作为一种重要的国际贸易策略,其独特优势在于能够充分调动经销商的主观能动性,进而有效地开拓海外市场,提升出口业绩。然而,任何策略均非完美无缺,经销方式亦不例外,若运用不当,可能会带来一系列负面效应。因此,在采取经销方式进行出口时,必须审慎考虑并妥善解决以下关键问题:

第一,对国外经销商的选择应持谨慎态度,特别是独家经销商的甄选。经销商作为连接生产商与最终消费者的桥梁,其经营能力、市场资源、信誉状况等因素直接关系到商品的市场表现。因此,选择具备良好市场基础、丰富营销经验及高度责任感的经销商,是确保经销策略成功实施的关键。

第二,合理规定经销商品和经销地区是经销策略的重要组成部分。商品的选择应基于市场需求、竞争态势及经销商的经营特长进行综合考虑,以确保商品的市场适应性和竞争力的提升。同时,经销地区的划定应充分考虑地理、文化、经济等多重因素，以实现市场细分和精准定位，避免盲目扩张导致的资源浪费和市场冲突。

第三，明确规定经销数量或金额是保障双方权益的重要措施。通过设定合理的销售指标，既能为经销商提供明确的目标导向，又能确保生产商的出口计划得以有效执行。同时，这也有助于平衡供需关系，维护市场价格的稳定。

第四，明确经销商品的作价方法是确保交易公平性的关键。作价方法应充分考虑市场价格波动、成本变动及汇率风险等因素，以确保双方在价格上的共识和交易的可持续性。此外，透明的作价机制还有助于增强双方的信任感，促进长期合作关系的建立。

第五，知识产权保护是经销策略中不可忽视的一环。在国际贸易中，知识产权的侵犯往往会给生产商带来巨大的经济损失和声誉损害。因此，在经销协议中应明确知识产权的归属、使用范围及保护措施，以防范潜在的风险。

第六，订立完善的经销协议是保障双方权益的法律基础。协议内容应涵盖商品规格、质量标准、交货方式、付款条件、违约责任等多个方面，以确保双方在合作过程中的权利和义务得到明确界定。同时，协议的订立应遵循国际贸易惯例和法律法规，以确保其合法性和有效性。

二、代理方式

（一）代理的种类

代理是指代理人按照委托人的授权，代表委托人与第三人订立合同或实施其他法律行为，由此产生的权利和义务由委托人直接负责。

在国际贸易中，代理制度作为连接生产者与消费者的桥梁，展现出了多样化的形态，代理可分为一般代理、独家代理、总代理与综合服务型代理，每一类别均承载着特定的功能与责任。

1.一般代理

一般代理，又常被业界称为“普通代理”或“佣金代理”。其核心优势与价值，在于为委托人提供了一个广泛且灵活多变的市场接入平台。在这一模式下，委托人不仅能够在同一地理区域和时间范围内，灵活地并行委托多名代理人开展业务活动，从而最大限度地扩大市场覆盖面和影响力。同时，委托人也保留了直接向该地区客户进行销售的权利，这使得其能够根据实际情况灵活调整销售策略，以应对市场的快速变化。

代理人的报酬结构，是基于其实际促成的交易业绩来确定的，通常以佣金的形式支付。这种报酬机制体现了风险共担、利益共享的合作原则，有助于激发代理人的积极性和创造力，同时也为委托人降低了市场风险。因为代理人为了获得更高的佣金收入，会努力拓展市场、提升销售业绩，而委托人则能够借助代理人的专业能力和市场资源，实现更高效的市场拓展和品牌推广。

2.独家代理

独家代理是在特定的时间和空间框架内，为代理人赋予了对某类商品购销活动的独家经营权的制度。这种模式下，委托人的忠诚义务得到了显著的增强，因为在同一市场内，委托人不得再行指定其他代理人来介入竞争，从而确保了代理人在该市场上的独家地位。同时，代理人也需承诺不代理与委托人存在竞争关系的品牌，以维护双方合作的稳定性和排他性。

独家代理虽享有专营权，但这一权利并非绝对无限制的。除非合同中有特别的约定，委托人仍然有权直接与该地区客户进行交易。只是在进行此类交易时，委托人需要向独家代理支付一定的费用，以作为其利益受损的补偿和平衡。这种机制既保证了独家代理的专营权益，又为委托人提供了一定的灵活性，有助于维护双方长期的合作关系。

3.总代理

总代理作为代理体系中的高级形态和重要组成部分，其权限和地位远超一般代理和独家代理。在划定的市场区域内，总代理不仅负责指定商品的购销、合同签订及货物处理等基本业务活动，更被赋予了代表委托人参与乃至主导其他商业活动及事务的广泛权利。这种深度绑定与全面授权的关系，使得总代理成为委托人拓展海外市场、深化品牌影响力的关键战略伙伴和得力助手。

总代理凭借其丰富的市场经验、专业的营销能力和广泛的商业网络，能够帮助委托人更快速地进入新市场、提升品牌知名度、扩大市场份额。同时，总代理还能够代表委托人与当地政府部门、行业协会、合作伙伴等进行沟通和协调，解决各种复杂的市场问题和挑战。这种战略协同和深度合作的关系，有助于委托人在国际市场上取得更大的成功和竞争优势。

4.综合服务型代理

随着国际贸易环境的日益复杂化和多元化，传统的单一代理服务已难以满足企业的全面需求。因此，一些具有前瞻性和创新精神的代理公司开始转型为综合服务型代理，以提供更加全面、专业的服务。

综合服务型代理不仅涵盖传统的销售、采购等代理业务，还进一步扩展到物流、金融、法律咨询等多个领域。在物流方面，这类代理公司通常与多家物流公司建立合作关系，能够为委托人提供高效、便捷的物流解决方案，确保货物安全、准时地到达指定地点。在金融领域，综合服务型代理能够协助委托人进行外汇兑换、信用证开立、融资等金融操作，降低资金风险，提高资金利用效率。同时，这类代理公司还拥有专业的法律团队，能够为委托人提供法律咨询、合同审核、争议解决等法律服务，确保国际贸易活动的合法性和合规性。

综合服务型代理的优势在于其能够提供一站式、全方位的服务，满足委托人在国际贸易中的多元化需求。通过整合各方资源，综合服务型代理能够降低企业的运营成本，提高国际贸易的效率和安全性。此外，这类代理公司通常具有丰富的国际贸易经验和专业知识，能够为委托人提供精准的市场分析和营销策略，帮助企业更好地拓展国际市场。

(二)代理协议的内容

代理协议，亦称“代理合同”，是国际贸易领域中一项至关重要的法律文件，它明确界定了委托人与代理人之间的权利与义务关系，为双方的合作提供了坚实的法律基础。鉴于国际贸易中代理种类的多样性与复杂性，代理协议的形式与内容亦呈现出多样化的特点。以下将以销售代理协议为例，深入探讨其应包含的主要内容，具体如下：

第一,协议名称及双方当事人。代理协议的开篇即应明确标注协议的性质,即究竟为独家代理、总代理还是一般代理,这一界定对于后续权利义务的划分具有决定性意义。同时,协议中必须准确无误地记载双方当事人的全称与地址,以确保法律文书的正式性与可追溯性。这一步骤虽看似简单,却是构建协议法律效力的基石。

第二,指定代理的商品、地区和期限。代理协议的核心在于明确代理人所代理商品的种类、名称、规格等详细信息,以及代理活动的具体地理区域与有效期限。代理地区的划定应综合考虑代理人的经营实力、购销网络布局,同时兼顾地区的政治区划、地理特征、交通便利度及市场差异性,以期实现代理效率与市场保护的最优平衡。尤为重要的是,为保护委托人的市场利益,协议中应明确禁止代理商跨区代理,防止市场混乱与品牌贬值。

第三,专营权。在独家代理协议中,专营权的授予是区分其与一般代理的关键所在。委托人需承诺在指定地区内,独家代理为唯一有权与买主或卖主进行交易的中间商。即便委托人与交易对方直接成交,也应依据交易金额向独家代理支付相应佣金,以此体现对独家代理专营权的尊重与补偿。专营权的明确与保护,不仅关乎代理人的经济利益,更是维护市场秩序、促进长期合作的重要保障。

第四,最低代购销额。鉴于独家代理人享有特定商品的专营权,委托人面临着代理人可能不尽力推销的风险。因此,在协议中设定最低代购销额成为保障委托人权益的必要措施。这一条款旨在激励代理人积极开拓市场,确保代理商品的销售达到预期目标。同时,协议还应详尽规定,若代理人因自身原因未能达成最低代购销额,双方应采取何种措施进行处理,包括但不限于调整代理条件、解除协议或要求赔偿等,以确保协议的灵活性与可执行性。

第五,代理佣金。佣金是代理人提供服务所应获得的报酬,其计算方式、支付时间、支付方式等应在协议中详细列明。佣金条款的合理性直接影响到代理人的积极性与委托人的成本控制,因此,双方需在充分协商的基础上,制定既公平又具激励性的佣金政策。此外,对于可能产生的额外费用,如广告费、市场调研费等,也应明确分担原则,避免后续争议。

第六,知识产权与保密条款的强化。在代理合作中,知识产权的保护尤为重要。协议中应明确代理商品所涉及的知识产权归属,以及代理人在代理活动中应遵守的知识产权保护规范。同时,双方还应就商业秘密、技术资料等敏感信息的保密义务做出约定,确保合作过程中的信息安全。

第七,争议解决与法律适用条款的设立。为预防合作过程中可能出现的争议,代理协议中应包含争议解决机制,包括协商、调解、仲裁或诉讼等解决方式,并明确适用的法律及管辖法院。这一条款有助于在争议发生时,为双方提供一个清晰、高效的解决路径,减少不必要的法律纠纷与经济损失。

(三)代理方式的注意事项

第一,代理方式的选择。代理方式的选择并非一成不变,而应基于商品特性、市场竞争态势及企业营销战略的综合考量。企业需对独家代理、总代理、一般代理等多种方式进行全面评估,权衡利弊,以选择最符合自身利益与市场需求的代理模式。此过程需充分考虑商品的市场定位、目标消费群体及代理人的市场覆盖能力,以确保代理方式的有效性与高效性。

第二,慎重指定代理人。代理人的资信能力、经营实力及其在代理地区的商业地位,是决定代理合作成功与否的关键因素。因此,在选定代理人前,企业应进行深入的市场调查与信用评估,确保代理人具备良好的商业信誉、丰富的市场经验及强大的销售网络。这一步骤对于预防代理风险、保障企业利益具有至关重要的作用。

第三,代理商品与市场的精准匹配。代理商品的选择应紧密围绕企业的市场战略与产品规划展开。企业需明确代理商品的种类、规格及代理地区,同时根据市场需求与竞争状况,合理确定代销数量或金额。这一决策过程需充分考虑商品的市场潜力、竞争优势及代理人的销售能力,以实现商品与市场的精准匹配。

第四,中止与索赔条款的风险防控。为了防止独家代理人垄断市场、经营不善或违约等行为给企业带来的损失,企业应在代理协议中明确中止与索赔条款。这些条款应详细规定中止代理关系的条件、程序及赔偿责任,以确保企业在面临不利情况时能够及时采取措施,维护自身权益。同时,企业还应建立完善的监控机制，定期对代理人的经营情况进行评估，以便及时发现并处理潜在问题。

第二节 寄售与展卖方式

一、寄售方式

(一)寄售的特点

寄售作为一种颇具特色的国际贸易方式，其本质在于寄售人(即出口商或委托人)将货物运送至海外，并依托事先确立合作关系的代销人，在遵循双方签订的寄售协议所规定的各项条件下，于目标市场代为销售。一旦货物成功售出，代销人则负责向寄售人结算货款。此贸易模式的核心在于信托合同的构建，即寄售人与代销人之间基于信任与委托而形成的法律关系。

寄售业务的运作基石是寄售协议，该协议明确了双方的权利、义务与责任，确保了交易过程的规范性与合法性。在寄售协议中，寄售人作为委托人，扮演着出口商的角色，负责提供货物并承担相应风险；而代销人，则作为受托人，通常是具备专业销售能力与市场资源的商号或公司，负责在寄售地执行销售任务。

相较于传统的出口贸易模式，寄售方式展现出了一系列独特且鲜明的特点，具体如下：

1.交易流程的差异

传统出口贸易往往遵循“先合同后装运”的模式，即双方先签订出口合同，随后依据合同约定的装运期进行货物的装运。然而，在寄售模式下，这一流程被颠覆。寄售人需先将货物运抵目标市场(寄售地)，再由代销人依据实物进行现货交易，向当地买主展示并销售。这一转变不仅增强了交易的直观性与互动性，也为代销人提供了更大的销售灵活性。

2.法律关系的界定

在寄售中，寄售人与代销人之间建立的是委托代售关系，而非直接的买卖关系。代销人需严格遵循寄售人的指示处理货物,且在未获得特别授权的情况下,仅对货物拥有控制权而非所有权。这意味着,在货物售出之前,其所有权始终归属于寄售人。这一法律关系的确立,为双方的权利与义务划定了清晰的界限,有助于减少潜在的纠纷与冲突。

3.风险与费用的分担

寄售方式下的风险与费用分担机制同样区别于传统出口贸易。代销人无需承担市场价格波动与商品滞销所带来的风险与费用,其报酬主要来源于佣金收入。相反,货物在寄售地售出前的所有风险与费用,包括运输、保险、仓储等,均由寄售人承担。这一分担机制体现了寄售方式对于寄售人风险承受能力的较高要求,同时也为代销人提供了相对稳定的收益保障。

4.销售时机的灵活性

寄售货物的销售时机具有高度的灵活性。在货物装运出口后,即便尚未到达寄售地,代销人或寄售人便可开始寻找潜在买主进行销售。若销售成功,货物可直接转售给买主;若销售不成,则继续运往原定目的地。这一特点不仅有助于加快货物周转速度,提高资金利用率,也为寄售人与代销人提供了更多的市场机会与操作空间。

(二)寄售协议的内容

寄售协议是寄售人和代销人之间就双方的权利与义务,以及寄售业务中的有关问题签订的法律文件。①寄售协议确保了寄售交易能够在双方预定的框架内有序开展,涵盖了寄售商品的价格、费用承担以及资金安全等方面的具体安排。寄售协议的内容不仅规定了双方的责任,还为整个寄售过程的顺利进行提供了法律保障。

1.协议的标题及双方的权责划分

协议文本应清晰标注"寄售协议"字样,以明确其法律性质。寄售协议必须详细说明,在货物售出之前,所有权依旧归属于寄售人,而与商品相关

---

①黄海东.国际贸易实务(第3版)[M].大连:东北财经大学出版社,2018:363.

的费用，如运输、保险等，通常也由寄售人承担。此外，协议中应明确规定，货物售出时，所有权将由寄售人直接转移至买方。这样，寄售人和代销人各自的权利与义务得以清晰界定，避免了后续可能产生的争议。

2.寄售区域与寄售商品的范围

协议中还需要详细说明寄售业务开展的区域，以及寄售商品的具体品类或范围。这部分内容有助于确保代销人在协议框架内合理销售商品，并避免在不适当区域或市场上出售寄售商品所带来的商业风险。

3.定价机制

寄售商品的定价方式是寄售协议中的重要内容之一，通常有以下方式：

(1)寄售人限价。寄售人可以在协议中规定商品的最低售价，代销人必须按照该价格或更高的价格出售商品。若代销人希望以低于此价格的标准进行销售，则需要事先获得寄售人的书面同意。

(2)代销人自行定价。在这种情况下，寄售人不设限价，代销人可以根据市场行情自行决定商品的销售价格。

(3)逐笔确认价格。每次交易前，代销人需征得寄售人的同意后方可确定商品的售价。这种定价方法具有更大的灵活性，常用于复杂的市场环境中，确保双方在定价上保持紧密的沟通与协调。

(4)浮动价格。寄售人设定一个基价和一个价格浮动范围，代销人在这个范围内根据市场情况进行价格调整。这种方式结合了寄售人的价格控制和代销人的市场灵活性，有助于实现价格与市场的动态平衡。

(5)动态定价。利用大数据和人工智能技术，实时监测市场动态和消费者行为，自动调整销售价格，这种方式能够精确捕捉市场需求变化，实现价格与需求的实时匹配，提高销售效率和利润率。

4.佣金支付方式

寄售协议还应明确规定代销人所能获得的佣金比例。作为对代销人提供销售服务的报酬，寄售人通常支付1%至5%不等的佣金，具体比例取决于双方协商的结果。佣金的计算通常基于发票的净售价进行核算。协议中还需明确佣金的支付方式及时间。通常有两种支付方式可供选择:一是代销人在货物售出后,可以直接从货款中扣除代垫费用及应得的佣金,然后将余款汇给寄售人;二是寄售人先收取全部货款,再按照协议规定的佣金比例,将应付的佣金支付给代销人。佣金支付的方式大多采用汇付的形式,部分情况下也可能使用托收方式来进行款项结算。

5.货款支付及资金汇回

货物售出后,代销人应在扣除佣金及其他相关费用后,将剩余货款支付给寄售人。为确保资金能够及时回流,寄售协议应对货款的汇付方式及具体时间进行明确规定。此外,为了降低寄售人的资金风险,协议还应要求代销人提供银行担保函或备用信用证。这一措施能够有效防止代销人因资金不足或其他原因而无法及时支付货款的情况发生,进而保障寄售人的资金安全。

通过上述条款的详细规定,寄售协议为寄售人与代销人之间的业务往来提供了明确的规则和保障,有助于规范双方的行为并防范潜在的商业风险。这种法律框架不仅有利于促进寄售业务的顺利进行,还为双方的长期合作奠定了坚实的基础。

二、展卖方式

(一)展卖的优点

展卖作为一种融合展览与销售的贸易模式,巧妙地借助展览会、博览会、展销会、交易会等多元化会展平台,实现了商品展示与促销活动的无缝对接。此模式不仅植根于历史悠久的市集文化,更在全球化浪潮与现代科技的推动下,逐步演化成为国际贸易领域内一股不可忽视的力量,展现出强大的生命力和广泛的适应性。

追溯展卖的历史渊源,其雏形可追溯至古代的区域性集市,那里是商品交换的初始舞台,也是展卖概念的萌芽之地。时至今日,随着国际贸易边界的不断拓宽,以及交通、通信技术的飞速进步,展卖活动已跨越国界,呈现出国际化、大型化、综合化的新面貌,成为连接全球商家与消费者的桥梁,对促进国际经济交流与合作发挥着举足轻重的作用。

展卖活动的形式多样,为企业提供了广阔的参与空间。无论是走出国门,参与海外举办的各类展卖活动,还是利用国内举办的国际性展卖平台,吸引海外买家,均是企业拓展海外市场、提升品牌知名度的有效途径。展卖的核心在于"展"与"销"的完美结合,即在直观展示商品特性的同时,有效激发购买欲望,实现即时的销售转化,这一特性使得展卖成为众多营销策略中的佼佼者。

展卖模式的优越性主要体现在以下方面:

第一,展卖是提升商品知名度、扩大市场影响力的有效手段。在展卖会上,商品得以集中展示,配合精心设计的展台布置与宣传材料,能够迅速吸引目标客户的注意,进而激发其购买兴趣。此外,展卖会通常吸引大量媒体关注,为参展商品提供了额外的曝光机会,有助于招揽潜在买主,加速交易进程。

第二,展卖活动为建立并巩固客户关系提供了得天独厚的条件。面对面的交流机会使得参展商能够直接了解客户需求,及时调整销售策略,同时,通过展后的跟踪服务,可以进一步加深客户对品牌的忠诚度,逐步扩大销售区域,实现市场的深度与广度双重拓展。

第三,展卖会作为市场调研的天然平台,为企业收集第一手市场信息提供了便利。通过现场调研、问卷调查、客户反馈等方式,企业可以直观了解到消费者对产品的评价与建议,为后续的产品改进与创新提供宝贵依据,从而增强产品的出口竞争力,满足不断变化的市场需求。

随着互联网技术的飞速发展,虚拟展卖会应运而生,为展卖模式注入了新的活力。虚拟展卖会,以其不受时空限制、成本效益高、互动性强等特点,极大地拓宽了展卖的边界。它不仅为参展商提供了一个全天候、全球化的展示窗口,也使得买家能够便捷地浏览、比较商品,甚至直接进行线上交易,极大地提高了贸易效率,增加了贸易机会。

(二)展卖的方式

1.参加国际展卖会

国际性展览与展销活动,亦常被称为国际展卖会或国际博览会,是一种定期于特定地点举办、由单一或多个国家联合主办并广泛邀请全球商家参与的贸易交流形式。此途径不仅为参展商提供了一个全方位展示其商品特性与品牌形象的舞台，同时也是进行商品宣传、促进市场认知度的有效手段。更为重要的是，它构建了一个直接的行业交流平台，使得参展商能够与业界同行进行面对面的技术研讨与经验分享，从而深入洞察市场趋势与客户需求。

国际博览会依据其展览内容与规模的不同，可进一步细分为以下两大类型：

(1)综合性国际博览会，又称水平型博览会，此类博览会的特点在于其广泛的包容性，允许各类商品参展，为参展商与采购商提供了一个多元化、全方位的交易洽谈环境。由于展品范围的广泛性，综合性国际博览会通常规模庞大，展品种类丰富，且展期相对较长，为参展双方提供了充分的交流与洽谈时间。

(2)专业性国际博览会，或称垂直型博览会，则专注于某一特定行业或产品领域，仅邀请相关专业的参展商与采购商参与。相较于综合性博览会，专业性博览会的规模较小，展期较短，但其专业性与针对性更强，能够更精准地满足特定行业或产品的展示与交易需求。

2.参加国内展卖会

在国内市场，展卖活动主要通过参与中国进出口商品交易会以及各地举办的区域性交易会来实现。中国进出口商品交易会，作为国内最具影响力的国际贸易盛会之一，不仅为国内外参展商提供了一个展示商品、洽谈合作的广阔舞台，而且促进了中国与世界各国的经济交流与贸易合作，对于推动中国商品的国际化进程具有重要意义。

此外，全国各地举办的区域性交易会也是展卖活动的重要组成部分。这些交易会通常结合当地的经济特色与产业优势，吸引众多企业与消费者参与，为参展商提供了深入了解地方市场需求、拓展销售渠道的宝贵机会。通过参与这些交易会，企业不仅能够直接面对消费者，获取第一手的市场反馈，还能够与同行进行深入的交流与合作，共同推动行业的健康发展。

3.在国外举办展卖会

(1)自行举办展卖会。随着全球贸易的深入发展,国内企业越来越倾向于根据自身产品的独特属性及市场营销目标,直接在目标市场国家组织并开展展卖活动。这一策略要求企业全面负责从筹备到执行的每一个环节,包括但不限于广告宣传的策划与投放、展品的国际运输与保险、展览场地的租赁与布置,以及活动期间可能产生的各项杂费。尤为重要的是,展卖活动结束后,对于未售出的展品,企业需制定合理的后续处理方案,以确保资源的有效利用与成本的合理控制。

(2)支持外商举办或与外商联合举办展卖会。在全球化经济的大背景下,国内企业不仅局限于独立在海外举办展卖会,而是更加积极地寻求与国外合作伙伴的协同合作,或是提供必要的支持与协助,以促进我国出口商品在海外市场的展卖活动。这两种合作模式已成为我国出口商品拓展海外市场、增强国际竞争力的重要战略选择。

合作举办展卖会,是一种基于资源共享与成本分担的互利共赢模式。在此模式下,国内企业与国外合作伙伴可以充分发挥各自的优势,如市场洞察力、品牌影响力、客户资源等,共同策划并执行展卖活动。通过合作,双方不仅能够降低运营成本,还能够借助对方在当地市场的深厚根基,更精准地定位目标客户群体,提高市场渗透率。此外,合作双方的品牌联合效应也能够为展卖活动增添更多的吸引力,从而促进销售业绩的提升。

而协助外商举办展卖会,则为国内企业提供了一个更为广阔的展示平台。通过参与外商组织的展卖活动,企业不仅能够直接面向海外消费者展示其优质产品,还能够借此机会增进与外商之间的合作关系,为未来的深度合作奠定基础。同时,这种协助模式也有助于提升我国出口商品在国际市场上的知名度与美誉度,为企业的全球化战略提供有力的支持。

无论是合作举办还是协助外商举办展卖会,都需要国内企业进行深入的市场调研与精心的策划准备。企业需充分了解目标市场的消费习惯、偏好以及竞争态势,以确保展卖活动能够精准对接市场需求,同时彰显出我国商品的独特优势。此外,企业还需注重与当地文化、法规的融合,以避免因文化差异或法律合规问题而给展卖活动带来不利影响。

（三）展卖方式的注意事项

在实施展卖时，有多个关键点需要企业特别注意，以确保展卖活动的成功与效益的最大化，这些要点包括商品选择、客户选择、展出地点的选择以及展卖时机的把握。

1.选择适当的展卖商品

展卖方式通常适用于那些品种复杂、规格多样且产品性能发展变化较快的商品。这些商品的用户对造型、设计等方面的要求较为严格，典型的例子包括机械、电子、轻工、化工等。在选择参展商品时，企业应优先考虑能够展示其技术水平的产品，突出其先进性、新颖性和多样性。同时，参展商品还应具备一定的市场适应性，尤其是要符合展卖地的需求和销售趋势，以确保其在当地市场的适销性。

2.选择好合作的客户

在参与国外展卖会之前，企业需筛选合适的客户作为合作伙伴。这些客户应具备较强的经营能力，能够有效推进商品的销售。更为重要的是，客户需对当地市场有深入的了解，并拥有广泛的业务联系和成熟的销售网络。通过选择有实力的客户，企业能够更好地适应当地市场需求，确保展卖商品能够快速进入市场并取得预期的销售效果。

3.选择合适的展出地点

展出地点的选择对于展卖活动的成功至关重要。企业应优先选择市场需求集中、市场潜力较大且具备良好发展前景的集散地开展展卖活动。此外，当地的基础设施也是展出地点选择的重要考量因素。企业应考察展出场地、旅馆、通信及交通等基础设施的便利性，并对相关服务的收费标准进行评估，确保展卖活动的顺利进行。

4.选择适当的展卖时机

展卖时机的选择对于一些具有明显季节性特征的商品显得尤为重要。

一般而言，企业应尽量在商品销售的旺季进行展卖，以抓住市场的最佳需求时机，提升销售额。在展卖时间的安排上，应避免过长的展出时间，因为过长的展卖时间不仅可能增加展卖成本，还可能影响最终的经济效益。因此，合理安排展卖时间，以确保高效完成展卖活动，成为提升企业市场竞争力的重要手段。

第三节 招投标与拍卖方式

一、招标与投标方式

招标是指招标人（买方）发出招标通知，说明拟采购的商品名称、规格、数量及其他条件，邀请投标人（卖方）在规定的时间、地点按照一定的程序进行投标的行为。

投标是指投标人（卖方）应招标人的邀请，按照招标的要求和条件，在规定的时间内向招标人递价，争取中标的行为。

招标与投标不是两种交易方式，投标是针对招标而来的，所以招标与投标是一种交易方式的两个方面，属于竞卖方式。

（一）国际招标的方式

国际招标是指招标人邀请国内外企业，根据招标条件提出报价，参加投标竞争，招标人从中择优选定中标人，以达成交易并签订合同。这种贸易方式主要遵循世界贸易组织采购条例及国际标业法则进行招投标，既适用于采购物资设备，也适用于发包工程项目。[①]国际上采用的招标方式主要有以下类型。

1.国际竞争性招标

国际竞争性招标，作为一种在全球范围内广泛应用的采购策略，其核心在于通过吸引多国企业与供应商的积极参与，构建一个高度竞争性的市场环境，从而确保招标方能够遴选出最优的合作伙伴以达成交易。此机制不

---

①栗冀.我国国际招标实践发展与发挥的重要作用[J].招标采购管理，2019(06).

仅促进了资源的有效配置，还极大地推动了国际贸易与合作的发展。国际竞争性招标有以下两种做法。

(1)公开招标。公开招标作为国际竞争性招标中最为直接且透明的方式，其运作机制在于招标方通过国内乃至国际媒体广泛发布招标公告，确保所有符合条件的潜在投标者均能获得平等的机会获取招标文件并参与竞标。这一模式的显著优势在于其高度的开放性与公平性。

首先，公开招标确保了采购过程的透明度，所有参与者均遵循统一的规则与标准，有效减少了腐败与暗箱操作的可能性。

其次，广泛的参与度意味着招标方可以接触到更多样化的报价与方案，有利于其在充分比较的基础上，选择性价比最高的投标方，实现经济效益的最大化。

然而，公开招标亦非尽善尽美。其潜在缺陷在于，对于那些技术实力强、服务质量高但成本相对较高的企业而言，可能因价格竞争而失去中标机会，长远来看，这可能不利于行业创新与可持续发展。

(2)选择性招标。相较于公开招标的广泛撒网，选择性招标则更加注重精准与效率。招标方基于自身经验、市场调研或专业咨询机构的推荐，有针对性地邀请特定数量、在业界享有良好声誉、具备丰富经验和技术实力的供应商参与投标。

首先，选择性招标显著提高了投标人的整体质量，降低了因投标者资质不符或能力不足导致的项目风险，确保了较高的履约率。

其次，通过减少不必要的参与者，选择性招标能够简化流程，加快决策速度，降低招标成本。

然而，为了维持价格竞争的激烈程度，邀请的供应商范围仍需保持一定的广泛性，并确保有三家以上的有效投标以供评估。根据世界银行的指导原则，选择性招标特别适用于采购规模小、供应商数量有限或存在特殊需求的情境，但其应用需事先获得国际金融机构如世界银行的批准，以确保采购活动的合规性与国际标准的一致性。

在国际竞争性招标的实践中，选择何种招标方式，应基于项目特性、市场环境、政策要求等多维度因素的综合考量。公开招标虽能最大限度地促进竞争与透明，但在特定情境下可能牺牲效率与质量；选择性招标虽能提高效率与匹配度，却需警惕因过度筛选而削弱竞争性的问题。因此，招标方需根据自身需求，结合国际规则与本地实际，灵活制定招标策略，并建立健全监督与评估机制，确保招标过程的公正、高效与结果的最优化。

2.谈判招标

谈判招标亦被业界称为“议标”，是招标领域中一种独特的非竞争性采购模式。此模式的核心在于，招标方与潜在卖方直接展开对话，通过深入交流与协商，共同确定标的物的价格、交易条件及合同条款，最终促成交易并签订正式合同。从本质上来看，谈判招标与常规的交易方式存在诸多相似之处，均依赖于双方的谈判与协商来达成共识，进而实现交易的闭合。然而，谈判招标在特定情境下的应用，赋予了其独特的价值与意义。

谈判招标的核心优势在于其高度的灵活性与效率性，尤其适用于那些专业性强、交货期紧迫的交易场景。例如，在保密工程等领域，由于所需物资和设备的特殊性，往往难以通过常规的竞争性招标方式满足需求。此时，谈判招标便成为一种理想的替代方案。招标方可以直接与具备专业能力和技术实力的卖方进行沟通，确保所采购的物资和设备能够满足特定的技术要求和保密标准。同时，对于某些具有独占性的设备或技术，由于市场上仅有一家或极少数几家供应商能够提供，谈判招标也成了实现采购目标的唯一途径。

此外，谈判招标还有助于招标方直接筛选并物色出值得信赖的卖方。在双方深入交流的过程中，招标方可以对卖方的资质、信誉、技术实力等方面进行全面评估，从而降低交易风险。这种直接的沟通方式也有助于增进双方的了解与信任，为后续的合作奠定坚实基础。相较于公开招标，谈判招标避免了烦琐的招标程序，减少了时间成本和人力成本，使得交易能够更加迅速、高效地完成。

然而，谈判招标并非完美无缺。其最大的弊端在于，由于缺乏竞争性报价的约束，招标方可能面临被投标人垄断的风险。在谈判过程中，如果招标方缺乏足够的市场信息和谈判技巧，就容易被卖方牵着鼻子走，难以获得真正有竞争力的报价。这不仅会损害招标方的经济利益，还可能对项目的顺利实施造成不利影响。

因此，在采用谈判招标方式时，招标方必须保持高度的警惕和谨慎。一方面，要充分了解市场行情和卖方的实际情况，确保自己处于信息对称的地位；另一方面，要制定科学的谈判策略和技巧，善于运用各种谈判手段来争取最有利的交易条件。同时，为了确保采购活动的合法性和合规性，招标方在采用谈判招标方式时，还应严格遵守相关法律法规和国际规则。特别是在世界银行贷款项下的采购活动中，如果采用直接签订合同的方式，必须事先征得世界银行的同意，以确保采购活动的顺利进行。

3. 两段招标

两段招标，亦常被称作"两步招标"，是一种针对复杂货物采购的特殊招标方法。此方法的应用背景在于，某些货物的技术规格在招标初期难以完全确定，因此需要一种更为灵活、分阶段的招标流程来适应这种不确定性。两段招标正是基于这样的需求而设计，它通过分步实施的方式，既保证了技术规格的逐步完善，又确保了最终采购结果的经济性和合理性。

在第一阶段，即技术投标阶段，招标人向潜在投标人发出邀请，要求他们根据一般招标文件的规定提交技术投标。这些技术投标在封面上需明确标注"技术投标，没有价格"，以区别于后续的价格投标。这一阶段的目的是让投标人展示其技术方案、设计思路以及满足招标需求的能力，而无需涉及具体的价格因素。招标人在收到技术投标后，会按照规定的时间进行开标，并宣布中标者的名称。这一步骤的完成，标志着技术投标阶段的结束，同时也为下一阶段的价格投标奠定了基础。

在第一阶段结束后，招标人会与中标者进行会谈。这个会谈的过程是双方深入交流、协商和妥协的重要环节。招标人可以提出对技术投标的修改和补充意见，而中标者则有机会根据这些意见调整和完善自己的技术方案。通过这样的互动，双方能够共同制定出最终标准的技术规格。这一步骤的完成，不仅为第二阶段的价格投标提供了明确的技术依据，也确保了最终采购结果的可行性和实用性。

进入第二阶段，即价格投标阶段，中标者需要根据在第一阶段会谈中确定的最终标准技术规格，准备最终的投标文件。这些文件不仅包括商务投标，即价格方面的报价，还包括技术投标，即对最终技术规格的确认和承诺。投标人在提交这些文件后，招标人会在规定的时间和地点进行公开开标。在这一阶段，招标人会根据投标人的报价和技术方案，选择最优惠者中标，并与中标人达成交易，签订正式的采购合同。

两段招标的优势在于其灵活性和适应性。通过分阶段实施，招标人能够在技术规格不确定的情况下，先通过技术投标筛选出具备技术实力的投标人，再通过价格投标确定最终的经济性选择。这种方式既保证了技术方案的先进性和可行性，又确保了采购结果的经济性和合理性。同时，两段招标也促进了招标人与投标人之间的深入交流和合作，有助于建立长期的合作关系。

然而，两段招标也存在一些潜在的挑战和风险：①分阶段实施可能导致招标周期的延长，增加了时间和成本的不确定性；②技术投标和价格投标的分离可能导致投标人在两个阶段之间的策略性调整，增加了招标人的决策难度；③会谈过程中双方的分歧和妥协也可能对最终的技术规格和采购结果产生影响。

因此，在实施两段招标时，招标人需要充分考虑项目的具体情况和需求，制定合理的招标策略和时间安排。同时，招标人还需要加强对投标人的资质审查和技术评估，确保技术投标的真实性和可靠性。在会谈过程中，招标人应积极与投标人沟通协商，寻求双方都能接受的解决方案。在价格投标阶段，招标人应严格按照规定的程序和标准进行开标和评标，确保采购结果的公正性和合理性。

（二）招投标的程序

在组织一次招标活动时，构建一个专门的招标机构显得尤为关键，该机构需肩负起对整个招标流程的全面管理和监督职责。在实践中，招标方既可选择委托具备专业资质与丰富经验的外部招标代理机构来执行这一任务，也可从内部抽调精干人员，组建一个固定或临时性的招标工作小组，专门负责处理招标相关的各项事宜。

1.招标

(1)编制招标文件。招标筹备的首要步骤在于编制详尽的招标文件。这份文件不仅是采购特定物资、设备或招标建设工程项目的法律性文件,更是投标人准备投标文件、参与投标活动以及后续评标工作的重要依据。招标文件的编制需全面、准确,其中应包含项目概况、技术要求、合同条款、评标标准等关键信息,且大部分内容需以正式的文本形式呈现,确保信息的权威性和可追溯性。

(2)发布招标公告。为了确保招标的公开、公平、公正,招标方需通过国际性的公开媒体或平台发布招标公告,使得所有潜在的投标者都能在同一起跑线上获取到投标的相关信息,包括项目简介、投标资格要求、截止日期等,从而保障每个符合条件的投标者都有机会参与竞争。

(3)资格预审。资格预审是招标流程中不可或缺的一环,它旨在通过对投标人的综合评估,筛选出具备相应资质、能力和信誉的投标者,确保招标项目的顺利实施。预审内容广泛,不仅涉及投标人的企业法人形式、资质等级、注册资本、注册地等基本信息,还深入考察其近两三年的财务状况、专业技术人员配备、施工设备状况、财务管理能力等,以全面评估投标人的履约能力和项目执行风险。

2.投标

在投标活动的初步阶段,投标人需要获取由招标方发布的招标文件。这一步骤不仅是参与投标的基本前提,也是投标人对项目进行全面了解与评估的基础。投标人需对招标文件进行细致入微的研究与分析,深入理解项目的具体要求、技术规范、合同条款以及评标标准等核心内容,从而为后续的投标策略制定奠定坚实基础。

基于招标文件的深入分析,投标人需着手编制投标书。投标书的编制是一个系统性、专业性的过程,它要求投标人不仅准确理解项目需求,还需结合自身的技术实力、管理经验、财务状况等多方面因素,制定出既符合项目要求又具有竞争力的投标方案。投标书的内容应详尽、准确、清晰,充分展现投标人的专业能力和项目执行能力。

为了确保投标的严肃性和有效性，防止投标人在投标后随意撤标或在中标后拒绝签订合同，招标人通常会要求投标人在投标时提交一定比例或金额的投标保证金。这一措施旨在增强投标人的责任感，保障招标活动的顺利进行和合同的最终签订。投标保证金的具体数额和缴纳方式，通常会在招标文件中明确规定，投标人需严格按照要求执行。

此外，投标书的提交时间也是投标活动中不可忽视的重要环节。投标人必须在招标文件中规定的投标截止日期之前，将投标书送达招标人或其指定的收件人。这一要求旨在确保所有投标人在相同的时间框架内提交投标书，从而保障评标的公正性和公平性。任何逾期提交的投标书，都将被视为无效投标，无法参与后续的评标和中标过程。

3.开标、评标及中标

在招标投标活动的关键阶段，开标、评标与中标构成了决定项目归属的核心环节。开标作为这一过程的起始点，其方式的选择对于确保招标的透明度与公正性具有重要意义。具体而言，开标方式主要分为公开开标与不公开开标两种模式，而招标人需在招标通告中明确界定所采用的开标方式。

公开开标，作为一种高度透明的开标形式，要求招标人在预先设定的时间与地点，于众目睽睽之下开启投标书并宣读其内容。此环节允许所有投标人参与，并对其进行监督，从而最大限度地保证了开标的公正性与公开性。相比之下，不公开开标则是由开标人独立进行开标与评标工作，并最终选定中标人，而投标人则不参与此过程。这种方式虽在一定程度上降低了透明度，但在某些特定情境下，如涉及敏感信息或特殊需求时，可能更为适用。

开标之后，紧随其来的是评标与决标环节。评标是招标人根据既定的评标标准和方法，对投标书进行全面、客观、公正的评价与比较的过程。这一环节旨在筛选出最符合项目需求、性价比最高的投标方案。按照国际惯例，若招标人在评标过程中未能选定出合适的中标人，则有权宣布招标失败，并拒绝所有投标。在此情况下，招标人将设定新的时间节点，重新组织招标活动。

招标人在特定情形下有权拒绝全部投标。这些情形包括但不限于:①最低标价显著超出国际市场的价格水平,表明投标价格缺乏合理性;②投标书与招标书文件要求存在明显不符,显示投标人未能充分理解或遵循项目要求;③投标人数量过少,导致竞争不足,难以确保招标结果的最优性。这些规定的设立,旨在保障招标活动的公平、公正与高效,确保项目能够选拔出最合适的承包商或供应商。

4.签约

在招标投标活动的最终环节,签约不仅是双方合作意愿的法律化体现,也是确保项目顺利实施的关键步骤。当招标人完成评标工作并正式选定中标人后,首要任务是向中标人发出中标通知书。这一书面通知不仅是对中标人投标成功的正式确认,还承载着约定双方后续签约具体时间与地点的重要信息,为签约仪式的顺利进行奠定了坚实基础。

在签约过程中,中标人需提交履约保证金,这一做法旨在增强中标人的责任感,确保其能够严格遵照合同条款履行相应义务。通常情况下,履约保证金的金额设定为投标金额的10%,这一比例既体现了对中标人履约能力的合理要求,也保障了招标人的合法权益。履约保证金的提交,是双方建立信任、降低风险的有效机制之一。

对于涉及大型复杂的成套设备采购或技术转让的项目,签约过程往往更为复杂。除了买卖双方代表签字确认外,还需报请买卖双方政府相关部门进行审批,以确保合同内容的合法性、合规性以及项目实施的可行性。这一审批流程不仅体现了国家对重大经济活动的监管职能,也是保障国家利益、维护市场秩序的重要举措。在我国,政府合同审批的期限通常设定为最长90天,这一时间框架为双方提供了充足的准备与协调空间,同时也确保了审批过程的效率与严谨性。

签约阶段不仅仅是法律手续的完成,更是双方合作关系的正式确立。因此,在签约前,双方应充分沟通、协商,明确合同条款的具体内容,包括但不限于项目范围、质量标准、交货时间、付款方式、违约责任等关键要素,以确保合同内容的全面性、准确性与可执行性。此外,双方还应关注合同执行过程中的潜在风险与挑战，制定相应的应对措施与预案，为项目的顺利实施提供有力保障。

二、拍卖方式

（一）拍卖的特点

国际贸易中的拍卖是由经营拍卖业务的拍卖行接受货主的委托，在规定的时间和场所，按照一定的章程和规则，以公开叫价的方法，把货物卖给出价最高的买主的一种贸易方式。

1.拍卖是公开竞买的现货交易典范

拍卖的本质，在于其作为一种公开竞买的现货交易方式，充分体现了市场竞争的公平性与透明度。在这一过程中，众多潜在买家得以在同一时间与空间内，对同一标的物进行直接而激烈的竞价。这种公开性不仅确保了信息的广泛传播，降低了信息不对称带来的风险，还极大地激发了买家的购买热情，推动了价格的动态调整与最优化。买家在充分了解拍卖品质量、性能及市场行情的基础上，依据自身需求与预期价值进行理性报价，这一过程不仅是经济理性的体现，也是市场机制下资源优化配置的具体实践。

2.拍卖行是有组织交易的核心载体

拍卖活动的有序开展，离不开拍卖行这一专业机构的精心组织与协调。作为连接委托人与买受人的桥梁，拍卖行不仅负责拍卖品的征集、鉴定、展示与宣传，还承担着制定拍卖规则、组织竞价过程、确保交易合法合规等多重职责。拍卖行的介入，不仅提高了拍卖活动的专业性与效率，还为双方提供了信誉保障与法律支持，有效降低了交易风险与成本。在拍卖行的统一组织下，拍卖活动得以在一种既定的框架内进行，确保了交易的规范性与可预测性，为拍卖市场的健康发展奠定了坚实基础。

3.拍卖活动需要遵循法律与规章制度

拍卖之所以能在国际贸易中持续繁荣，很大程度上得益于其背后一套完善而独特的法律体系与规章制度。这些规则不仅规范了拍卖参与者的行为，保护了各方合法权益，还为拍卖活动的顺利进行提供了法律保障。拍卖法、合同法、消费者权益保护法等相关法律法规的适用，确保了拍卖过程的合法性与正当性，防止了欺诈、串通等不正当竞争行为的发生。同时，拍卖行内部制定的拍卖规则、竞价机制、成交确认程序等，进一步细化了操作流程，增强了拍卖活动的可操作性与执行力。这一系列法律与规章的构建，不仅维护了拍卖市场的秩序与稳定，也促进了拍卖业的长远发展。

4.拍卖具有适应性与灵活性

拍卖作为一种灵活的贸易方式，对于特定类型的商品具有极高的适应性。特别是对于那些品质难以标准化、易变质或具有独特价值的商品，如珍稀艺术品、古董、高档皮草、特殊农产品等，拍卖提供了一种高效的价值发现与实现机制。通过拍卖，这些商品能够在最短的时间内找到最愿意出价的买家，实现价值的最大化。同时，拍卖还可以根据市场需求与商品特性，灵活调整拍卖方式（如增价拍卖、减价拍卖、密封递价拍卖等），以满足不同交易场景的需求，展现了其高度的灵活性与创新性。

（二）拍卖的出价方式

1.增价拍卖

增价拍卖作为拍卖领域最为普遍采用的一种出价方式，其核心在于通过竞买者之间的连续加价竞争，逐步揭示商品的真实价值。在此过程中，拍卖人首先设定一个起拍价或保留价，随后竞买者依据自身对商品价值的评估与竞争态势，相继出价竞购。拍卖行通常会设定每次加价的最低限额，以确保拍卖进程的有序进行。当某一价格水平经过拍卖人多次提示而无人继续加价时，该价格即被视为最高价，拍卖人通过击槌等仪式性动作宣告成交。增价拍卖的优势在于其能够充分激发市场活力，促进价格信息的有效传递，实现商品价值的最大化。同时，它也为竞买者提供了根据市场动态调整出价策略的空间，增强了拍卖的互动性与趣味性。

2.减价拍卖

与增价拍卖相反，减价拍卖采取的是从高到低的价格递减策略。拍卖人首先宣布一个较高的起始价格，然后逐步降低报价，直至有竞买者愿意接受当前价格并表示购买。这种出价方式特别适用于数量庞大、批次众多且易腐易损的鲜活商品，如水果蔬菜、花卉等，因其能够迅速促成交易，减少库存积压与损耗风险。减价拍卖的效率和速度优势，使得其在特定商品领域成为首选的拍卖方式。然而，减价拍卖也可能因起始价格设置过高或降价幅度不当，导致竞买者观望情绪浓厚，影响拍卖效果。

3.密封递价拍卖

密封递价拍卖又称招标式拍卖，是一种相对封闭且注重策略性的出价方式。在此模式下，拍卖人首先公布拍卖商品的相关信息及拍卖条件，然后要求各竞买者在规定时间内提交密封的出价文件。拍卖人根据收到的出价进行审查比较，综合考虑价格、信誉、后续服务等多种因素后，决定最终的买家。密封递价拍卖的优势在于，它能够有效避免竞买者之间的直接价格竞争，减少因信息公开而导致的策略泄漏风险。同时，它也为拍卖人提供了更多的选择空间，使其能够在价格之外，综合考虑其他对交易成功至关重要的因素。然而，这种拍卖方式也可能因信息不对称而导致竞买者对拍卖结果的预期不确定性增加，进而影响其参与意愿。

拍卖出价方式的选择，不仅直接影响拍卖活动的效率与公平性，还深刻影响着竞买者的参与策略与拍卖结果。在实际操作中，拍卖行应根据拍卖商品的性质、市场需求、竞买者特征等因素，综合考虑各种出价方式的优缺点，选择最适合的拍卖方式。例如，对于价值难以估算的艺术品或古董，增价拍卖可能更能体现其市场价值；对于易腐易损的鲜活商品，减价拍卖则能更快地促成交易；对于需要综合考虑多种因素的政府采购项目，密封递价拍卖则能更全面地评估竞买者的综合实力。

4.网上拍卖

网上拍卖作为电子商务领域的一个重要组成部分，是借助互联网这一全球性的信息传播与交流平台进行的拍卖活动，它突破了传统拍卖模式在物理空间上的限制，使得竞买人无需亲自前往拍卖现场，仅需通过个人电脑、平板电脑或智能手机等数字设备，在网络环境中轻松点击键盘或触摸屏，即可完成从浏览拍卖信息、提交竞价意向到最终成交的全过程。

网上拍卖平台通常提供详尽的商品描述、高清图片、视频展示以及买家评价等信息，使得竞买人能够在充分了解商品状况的基础上做出决策。同时，通过加密技术和安全支付系统，网上拍卖也有效保障了交易双方的资金安全和隐私保护。

随着大数据、人工智能和区块链等新兴技术的不断发展，网上拍卖正逐步向智能化、自动化和去中心化的方向发展。例如，利用大数据分析技术，拍卖平台可以更加精准地预测市场需求、优化拍卖策略；通过人工智能技术，可以实现拍卖过程的自动化监控和智能决策；区块链技术的应用，则有望解决拍卖过程中的信息不对称和信任问题，进一步提升拍卖的透明度和公平性。

(三)拍卖的程序

1.准备阶段

拍卖的准备阶段，是拍卖程序中不可或缺的基础环节。在此阶段，货主需将待拍卖的货物运送至指定的拍卖地点，并存入仓库。随后，货主会委托拍卖行对货物进行挑选、分类、分级以及分批编号，这一系列操作旨在提升拍卖品的质量与透明度，为后续的拍卖活动奠定坚实基础。货主与拍卖行之间会订立委托拍卖合同，明确双方的权利与义务，确保拍卖活动的合法性与正当性。

拍卖行在接收到货物后，会根据货主的商品分类编号及要求，精心编印拍卖目录，并刊登拍卖广告，以吸引潜在买家的关注。拍卖目录的详细程度与准确性，直接影响到买家对拍卖品的了解程度与购买意愿。此外，欲参加拍卖的买主有权到指定仓库查看货物，听取拍卖行的详细介绍，并在必要时对货物进行抽样检验，以确保所购商品的质量与描述相符。

2.正式拍卖

正式拍卖是拍卖程序中的核心环节，也是价格发现与价值实现的关键过程。拍卖会在规定的时间和地点举行，按照预先编印的拍卖目录，通过逐批叫价的方式进行。拍卖过程中，多采用由低到高的增价拍卖方式，这种方式能够充分激发买家的购买热情，推动价格的动态调整与最优化。

在增价拍卖中，竞买人可以通过喊价或举牌应价的方式参与竞拍。货主对于要拍卖的货物，可以根据自身需求提出保留价，也可以选择无保留价拍卖。保留价的设定，为货主提供了一定的价格保障，避免了因价格过低而导致的损失。然而，当竞买人的最高出价未达到保留价时，拍卖主持人会及时停止拍卖，以确保货主的利益不受损害。

3.成交与交货

拍卖以其特有的方式成交后，标志着拍卖活动进入了一个新的阶段。拍卖行的工作人员会立即交给买方一份成交确认书，由买方填写并签字，以表明交易的正式达成。成交确认书的签署，不仅确认了买方的购买意愿与购买价格，还为后续的交货与付款提供了法律依据。

拍卖行为交易的达成提供了专业的服务，因此会收取一定的报酬，通常称为“佣金”或“经纪费”。佣金的收取标准与方式，通常会在拍卖前与货主及买家进行明确约定，以确保交易的公平性与透明度。

拍卖会结束后，拍卖行会及时公布拍卖名单，其内容主要包括售出商品的简单说明、成交价、拍卖前公布的基价与成交价的比较等。拍卖名单的公布，不仅为买家提供了购买结果的反馈，也为市场提供了价格信息与交易动态，有助于推动市场的健康发展。

第四节 加工与对等贸易方式

一、加工贸易方式

（一）来料加工业务

来料加工业务，在我国亦常被称为“对外加工装配业务”，是一种在国际经济合作中占据重要地位的贸易形式。该业务模式主要涵盖两个方面：来料加工与来件装配。具体而言，它是指外商（即委托方）向承接方提供一定的原材料、零部件或元器件，由承接方根据委托方的具体要求和规范，对这些材料进行加工或装配，最终形成的成品再交由委托方进行处置。在此过程中，承接方并不拥有原材料及成品的所有权，而是依据双方事先的约定，收取一定数额的工缴费作为提供劳务的报酬。

1.来料加工业务的性质

来料加工业务与一般意义上的进出口贸易存在显著的区别。通常，进出口贸易主要涉及货物的买卖，即商品的所有权在买卖双方之间发生转移。然而，在来料加工业务中，尽管也涉及原材料、零部件的进口以及成品的出口，但其本质并非货物买卖。这是因为，在整个业务过程中，原材料和成品的所有权始终归属于委托方，并未在委托方与承接方之间发生任何转移。承接方所承担的，仅仅是按照委托方的要求提供加工或装配的劳务，并据此收取约定的工缴费。

来料加工业务实际上是一种委托加工的方式，它更侧重于劳务的提供，而非货物的交易。可以说，来料加工业务属于劳务贸易的范畴，是一种以商品为载体的劳务出口形式。这种贸易形式不仅有助于提升承接方的加工制造能力，还能促进其经济结构的优化和产业升级。同时，对于委托方而言，来料加工业务也是一种有效的成本控制和资源配置手段，有助于其在全球范围内寻求更具竞争力的生产资源。

进一步分析来料加工业务的性质，其具有以下特点：

(1)所有权不转移。来料加工业务中原材料和成品的所有权始终属于委托方，这是其与一般进出口贸易最显著的区别。

(2)劳务为主导。承接方在来料加工业务中主要提供的是加工或装配的劳务，而非商品的买卖。因此，这种贸易形式更强调劳务的提供和技能的运用。

(3)定制化生产。由于来料加工业务是根据委托方的具体要求和规范进行的，因此其生产的产品往往具有较高的定制化程度，能够满足委托方的个性化需求。

(4)风险共担。在来料加工业务中，委托方和承接方通常会共同承担一定的风险，如市场风险、生产风险等。这种风险共担的机制有助于增强双方的合作意愿和信任度。

2.来料加工业务的作用

来料加工业务作为我国深入参与国际经济分工的一个重要途径,不仅推动了我国对外经济合作的深化,还显著增强了与合作国家在经济层面的相互依存和紧密联系。这一业务模式的实施,无论是对承接方(即我国)还是对委托方(即外商),都展现出了显著的积极影响。

(1)对承接方的积极影响:①挖掘生产潜能与弥补资源缺口:来料加工业务为我国提供了利用现有生产能力、挖掘生产潜能的机会,同时有效补充了国内原材料的不足,从而增强了经济的自给自足能力。②增加外汇收入与促进经济发展:通过参与来料加工,我国能够扩大出口,增加外汇收入,为国家的经济建设提供有力的资金支持。③引进技术与提升管理水平:来料加工业务往往伴随着国外先进技术和管理经验的引入,这有助于提升我国的生产技术水平和管理能力,推动产业升级和转型。④促进就业与繁荣地方经济:该业务充分利用了我国丰富的劳动力资源,为大量劳动力提供了就业机会,进而促进了地方经济的繁荣和发展。

(2)对委托方的积极影响:①降低成本与增强竞争力。通过将来料加工业务外包给我国,委托方能够显著降低生产成本,从而提高产品的市场竞争力。②助力产业结构调整。来料加工业务有助于委托方所在国进行产业结构调整,将更多的精力和资源投入高附加值的产品研发和生产上,从而推动经济的持续健康发展。

(二)进料加工业务

进料加工业务通常是指企业从国外采购原材料,在本地加工生产成品后,再将成品出口到国际市场。这种贸易模式涉及两个主要环节:一是原料的进口,二是加工后的成品出口。与其他加工贸易模式相比,进料加工具有独特的运作机制和风险承担模式。

1.进料加工与来料加工的区别

(1)进料加工与来料加工在所有权转移和交易结构上存在本质区别。

来料加工是指国外供应商将原料送到国内企业进行加工,其间原料和成品的所有权始终未发生转移。具体而言,原料的供应者在整条加工链条上保留了对原料和成品的所有权,且原料的供应和成品的接收是同一笔交易。换言之,原料的提供者通常也是成品的最终接受者。因此,来料加工业务的加工环节仅仅是为供应商提供加工服务,未涉及货物所有权的转移。而在进料加工中,原料的进口和成品的出口属于两笔独立的交易,且在这两个环节中都发生了所有权的转移。在这种模式下,企业进口原材料后,这些原材料的所有权转移到国内企业,而加工后的成品再通过出口销售给不同的国外买家。这意味着原料供应者和成品购买者之间不存在直接的联系,他们分别参与了两笔独立的贸易交易。

(2)进料加工与来料加工在风险承担和盈利模式方面也存在显著差异。在来料加工中,承接加工任务的国内企业只需负责对原材料进行加工处理,并收取工缴费。这种模式下,企业不必担心原材料的来源,也无需考虑成品的销售渠道,风险较小,收益主要来自固定的加工费用。进料加工模式则不同,国内企业不仅要负责从国外采购原材料,还需承担加工后的成品销售责任。企业需要通过市场渠道自行解决原材料的采购问题和成品的销售问题,从而在整个过程中承担较大的市场风险。与此同时,进料加工的盈利模式并非单纯依赖加工费用,而是通过将原材料加工为成品,赚取从原材料到成品的附加值。企业要自筹资金用于原材料的采购,并自负盈亏。这就要求企业具备较强的市场洞察能力和经营能力,以确保在国际市场上获得足够的利润回报。

2.进料加工业务的做法

在进料加工业务中,企业通常可以根据自身的市场情况、资金流动性和订单情况采取不同的操作方式,以确保生产的顺利进行并最大限度地降低经营风险。具体而言,进料加工的操作大致可以分为以下三种常见模式:

(1)先签订进口原料合同,再寻找市场和买主。在这种模式下,企业首先与国外供应商签订原材料进口合同,采购原材料进入国内进行加工,之后再通过市场营销寻找潜在的出口市场和买主。这一做法的主要优点是企业能够在原料市场上灵活把握时机,选择在原材料价格较低时进行采购,从而降低生产成本。此外,由于企业在加工生产前已经储备了足够的原材料,一旦成功与国外买家签订出口合同,便可以立即安排生产,确保按时完成订单。这种方式通常能够缩短成品的交货期,保证及时供货,提高企业在国际市场上的竞争力。然而,采用此方式的企业必须时刻密切关注国外市场的动态,尤其是在出口市场的需求变化上做出及时反应。若所生产的产品无法满足市场需求或市场需求不旺盛,企业将面临成品滞销的问题,进而可能造成库存积压,增加资金占用和管理成本。因此,这种做法的市场风险较大,要求企业具有较强的市场预判和经营管理能力。

(2)先签订出口合同,再根据订货要求进口原料进行加工生产。这种做法首先要求企业与国外买家签订出口合同,并根据合同中的具体产品要求从国外采购相应的原材料,进口后进行加工生产,最后按照约定的时间向买家交货。这一模式的一种常见变体是“来样进料加工”,即由国外买方提供产品样品,国内企业根据样品要求选择和进口原材料,进行加工和生产。该模式的主要优势在于出口产品的销售渠道相对稳定,企业不需要担心产品销路问题,从而能够专注于生产过程中的质量控制和交货时间的保证。然而,这种操作方式也存在潜在的风险,即企业在根据买家的要求采购原材料时,必须确保所需的原材料能够顺利从国外进口,并符合质量要求。若原材料供应出现问题,可能导致成品质量不达标或交货延迟,进而影响企业的信誉和买家的信任。因此,企业在采取这种模式时,需要具备较强的供应链管理能力,确保原材料的采购、运输和加工环节顺畅无阻。

(3)对口合同方式,同时签订进口原料和出口成品合同。对口合同方式是一种较为特殊的进料加工操作模式,企业在这种模式下同时与国外的原材料供应商和成品购买者签订合同,即在签订进口原料合同时,便同步签订了成品的出口合同。这意味着原料的提供者也是成品的购买者,两份合同虽然相互独立,但分别结算。这一操作方式的最大优势在于,它能够有效确保原材料的来源和成品的销路,减少企业在供应链和市场上的不确定性。因此,企业可以在原料和市场双重保障的情况下进行生产经营,风险较小。然而,这种操作模式的适用范围较为有限,通常仅适用于某些特定的行业或产品类型，且较难在广泛的市场中推广。在实际业务操作中，原料供应者和成品购买者并不一定是同一人，企业可以根据具体情况灵活调整合同条款，但仍需确保合同双方的独立性。

综合以上三种进料加工业务的操作方式，每种做法都具有其独特的优点和适用场景。企业在选择具体操作方式时，应根据市场需求、原料采购难易程度以及自身的资金状况进行合理的评估和决策，从而在不同的市场环境下最大化其经营效益并有效规避潜在风险。

（三）境外加工贸易

境外加工贸易是我国企业借助现有设备和成熟技术，通过在境外开展加工装配业务，推动国内设备、技术、原材料以及零配件出口的国际经济合作形式。从广义上讲，境外加工贸易是一种企业通过实物资本形式进行对外直接投资的具体表现。在全球化经济格局下，这种形式不仅有助于促进企业的国际化发展，还能够通过增强我国企业在全球市场中的竞争力，推动国内产业的技术升级与资源优化配置。

境外加工贸易是企业利用国内积累的先进设备和技术能力，通过跨国投资和建立境外加工基地，直接参与国际生产分工的一种重要策略。这种合作模式使得企业能够以较低的成本进入境外市场，利用目标国家或地区的廉价劳动力、土地和政策优惠，降低生产成本并提升生产效率，从而获得更高的利润回报。同时，通过这种形式，企业不仅可以扩大产品出口，推动国内制造业的发展，还能够带动与加工相关的原材料、零配件等中间产品的出口，形成较为完整的供应链和产业链，提升我国在全球产业链中的话语权。

境外加工贸易还具有重要的战略意义，它使得企业能够更加灵活地应对国际贸易壁垒和市场波动。在当前全球贸易环境中，许多国家对进口产品设立了关税壁垒或非关税壁垒，而通过在这些国家或邻近地区设立加工工厂，企业可以在不违反国际贸易规则的前提下，规避部分贸易限制，增强对国际市场的适应能力。此外，境外加工贸易也能够使企业接触到国外的先进管理经验、技术创新以及市场需求的变化，从而提升其在全球市场中的竞争力，并为国内的产业结构调整提供宝贵经验。

二、对等贸易方式

对等贸易,也称为抵偿贸易、对销贸易或反向贸易等。它是指交易双方互为进口人或出口人,把进口与出口有机结合起来,双方都以自己的出口来全部抵偿或部分补偿从对方的进口。[①]对等贸易买卖的标的除有形的财产货物以外,也可包括劳务、专有技术和工业产权等无形财产。

(一)对等贸易的形式

1.补偿贸易

补偿贸易是指在信贷基础上进行的,进口与出口相结合的贸易方式,即进口设备,然后以回销产品和劳务所得价款,分期偿还进口设备的价款及利息。

补偿贸易以信贷为前提,无论是商品信贷还是银行信贷,均为其运作的基础,而在实际操作中,商品信贷更为常见。更为重要的是,补偿贸易的核心在于设备供应方必须同时承诺回购设备进口方的产品或劳务,这一双向约定不仅构成了补偿贸易的标志性特征,也将其与延期付款等贸易方式明确区分开来。补偿贸易在国际贸易中发挥着不可忽视的作用。对于设备进口方而言,它提供了一种有效利用外资的途径,有助于引进先进的技术和设备,加速企业技术改造,使产品不断更新和多样化,从而增强出口产品的竞争力。同时,通过设备供应方的回购承诺,进口方可以获得一个稳定的销售市场和销售渠道,为产品的持续出口提供保障。

对于设备供应方来说,补偿贸易同样具有显著的优势,它不仅可以扩大资本货物的销售市场,克服买方支付能力不足的困难,还可以通过回购承诺取得竞争上的优势。此外,供应方还可以从回购中获得比较固定的原材料供应来源,或在经营产品转售中获得一定的利润,从而实现多方共赢。

2.易货贸易

易货贸易作为一种非传统的国际贸易形式,其核心概念在于通过直接

---

①周学明.国际贸易[M].北京:中国金融出版社,2013:377.

交换货物来满足交易双方的需求，无需依赖外汇作为交易媒介。易货贸易的显著优点体现在，它能够有效促进那些外汇支付能力有限的国家与企业之间的经济活动，通过物物交换的方式，实现资源的优化配置与互补，进而推动国际贸易的多元化发展。此外，易货贸易还展现出了促进“以进带出”与“以出带进”的双向互动优势。由于易货贸易本质上是一种进出口紧密结合的贸易方式，交易双方均将对方购买自身商品作为购买对方商品的前提条件，这种相互依存的交易逻辑为双方创造了独特的商机：一方面，当一方致力于推销其产品时，可将对方同时购买本国产品作为交换条件，借此实现以进口活动促进本国商品出口的目的；另一方面，当面对对方对己方商品的迫切需求时，可要求对方提供本国所需的商品作为交换，即利用出口机会带动必要的进口。

3.互购贸易

互购贸易作为一种对等贸易的变体，其本质在于交易双方通过相互购买对方的产品以实现贸易平衡与互补。此模式构建于两个既相互独立又紧密相连的合同框架之上，展现了独特的运作机制。首先，双方会缔结一份初步合同，其中规定由先进口国以即时外汇支付方式采购对方商品，同时，先出口国在此合同中做出一项重要承诺，即在约定的未来某一时段内，购买一定量的“回头货”，即来自先进口国的商品。其次，为了明确回头货的具体交易细节，双方需进一步签订第二份合同，详尽规定先出口国如何利用从首笔交易中获得的外汇收入（部分或全部）来购买事先商定的回头货，包括商品的种类、规格、数量及价格等核心条款。

互购贸易的显著特征体现在两个方面：一是两笔交易均采用现金结算，但交易金额不必严格等值，这为双方提供了灵活的财务安排空间；二是先出口国在首份合同中关于回头货的购买承诺往往较为笼统，仅涉及原则性约定，而具体交易条件则留待后续谈判确定。这一特性使得先进口国承担了一定的不确定性风险，因为回头货的实际交易细节可能因市场变化、双方议价能力等因素而变动。

从实践角度来看，互购贸易模式对先出口国而言通常更为有利，尤其是那些在技术、产品质量上占据优势的发达国家，它们倾向于利用这种模式来巩固市场地位，同时确保自身对关键资源或技术的获取。对于发展中国家而言，虽然参与互购贸易可能面临一定风险，但也能借此机会引进先进技术、提升产业结构，促进本国经济的长期发展。

4.抵销贸易

抵销贸易在于通过一系列相互关联的交易活动，实现货物、服务或技术等值交换的目的，从而抵消或部分抵消双方之间的财务义务。此模式不仅体现了贸易双方对于等价交换原则的遵循，也展现了在全球化背景下，各国及企业间寻求资源优化配置、降低交易成本、规避货币风险的多元化策略。

具体而言，抵销贸易可以根据其操作方式与涉及元素的复杂性，进一步细分为直接抵销与间接抵销两大类型。

（1）直接抵销。直接抵销是指交易双方直接以货物或服务进行等值交换，无需第三方介入或额外的货币流通。在此类交易中，一方提供的商品或服务的价值直接用于冲抵另一方相应价值的商品或服务，实现了即时且直接的财务平衡。直接抵销贸易的优势在于简化了交易流程，减少了中间环节，有助于降低交易成本和提高交易效率。然而，它也要求交易双方在产品种类、质量、数量及价值评估上达成高度一致，这对双方的协商能力和市场洞察力提出了较高要求。

（2）间接抵销。间接抵销通常涉及第三方参与或多种形式的支付手段（如信贷、投资等）作为补充。在间接抵销中，交易双方可能不直接交换货物或服务，而是通过一系列相关联的交易活动，如投资合作、技术转让、信贷支持等，来间接实现财务义务的相互抵消。这种模式为交易双方提供了更大的灵活性，允许它们在更广泛的领域内寻找等值交换的机会，同时也为第三方参与者创造了介入并获取利益的空间。然而，间接抵销贸易的复杂性也增加了交易的不确定性，要求参与方具备更强的风险管理能力和长期战略规划。

5.转手贸易

转手贸易亦被称为“三角贸易”或“转账贸易”，是记账贸易体系下，贸易商为获取硬通货而采用的一种策略性手段。该贸易模式结构繁复,涵盖多个层面与维度,其内在关系错综复杂,要求各环节紧密相连,无缝对接。因此,实践中常需依赖专业的转手贸易商来操作执行。

在转手贸易的框架下,顺差方为获取现汇或真正所需的商品,通常会采取以下两种截然不同的策略:

(1)简化版的转手贸易。在此模式下,顺差方直接将记账贸易中购得的货物转运至国际市场进行转售,以换取硬通货,进而增强其资金流动性。此策略本质上是一种直接且简洁的转手贸易方式。

(2)复杂化的转手贸易。顺差方在记账贸易结算后,将盈余部分或全部金额转让给第三方(多为发达国家的企业),以换取自身所需的商品(如机械设备等)。第三方则利用这笔顺差,从逆差国进口商品供自身消费,或将这些商品再次转运至国际市场进行转售,以获取硬通货并偿还给顺差方。值得注意的是,顺差方为尽快获取急需商品,往往会以低价转让顺差或高价购买第三方商品,导致采用此策略的发展中国家可能遭受一定的经济损失。然而,在实际操作中,第三方在逆差国采购时,也常面临外汇商品换取困难的问题。因此,为获取资金回流,第三方需将这些商品继续转运至其他发展中国家进行转售,直至在国际市场上成功换取自由外汇为止。

(二)对等贸易在国际贸易中的作用

对等贸易作为国际贸易的一种特殊形式,在当代全球经济中发挥着独特而重要的作用。它不仅能够帮助各国在全球市场中获得更多的经济利益,还能够在特定条件下通过创新的贸易安排,推动全球合作与经济发展。对等贸易的内在机制使其在减少外汇使用、促进国际合作、推动产品出口、吸引外资与技术等方面展现出巨大的潜力,为国际经济往来提供了多样化的选择和灵活性。

1.减少外汇使用的有力工具

对等贸易作为一种不依赖于传统外汇交易的贸易形式,对于那些外汇储备相对不足的国家而言,尤其具有战略意义。在这些国家的对外贸易中,由于外汇支付能力的限制,往往无法有效参与国际贸易。然而,通过对等贸易的安排,国家可以通过商品和服务的直接交换来替代货币支付,从而在外汇短缺的情况下仍然能够维持甚至扩大其进出口规模。这种方式不仅减少了对外汇的依赖,还能够避免国际汇率波动带来的风险,从而确保国际贸易的稳定性和可持续性。

更为重要的是,对等贸易还可以在某种程度上帮助国家积累外汇储备。通过在国际贸易中减少外汇的消耗,国家能够将节省下来的外汇用于其他领域的投资或用于优化国际收支状况,提升国家在全球市场中的经济地位。因此,对等贸易为外汇紧缺的国家提供了一条可行的路径,帮助其在不增加外汇负担的情况下实现经济增长和国际贸易扩展。

2.促进国际合作与利益共享

对等贸易在国际合作中扮演着重要的桥梁角色,尤其是在技术转让和投资合作领域中表现尤为显著。通过回购、抵消贸易等多种形式的对等贸易安排,合作双方能够更紧密地结合各自的经济利益,并通过互补性资源的有效利用,形成更具互惠性和长久性的合作机制。例如,在高技术产业的合作中,技术输出国可以通过对等贸易确保技术的回购,避免技术转让带来的市场风险,而技术引进国则可以借此机会提升其生产力,推动本国相关产业的发展。这一过程不仅增加了各国在国际贸易中的合作深度,还减少了由于利益冲突导致的合作障碍,使各国在更广泛的经济领域中实现共赢。通过这种利益共享的方式,对等贸易为国际经济合作提供了更加灵活的机制,有助于形成更加平等和持续的全球经济格局。

3.助力各国扩大产品出口

对等贸易的一个重要作用在于,它为各国,尤其是发展中国家提供了一条有效的途径来扩大其产品出口。对于发展中国家而言,由于受到发达国家贸易壁垒的限制,其工业制成品的出口往往面临较大困难。然而,通过对等贸易的安排,这些国家可以绕过传统的贸易障碍,直接与其他国家进行商品交换,从而改善出口商品的结构,提升其在国际市场中的竞争力。对于发达国家而言,通过对等贸易形式,如回购承诺、信贷支持等,能够帮助其扩大对新兴市场的渗透,并在全球范围内提升其产品的市场占有率。这种双向的贸易安排为各国提供了更广阔的市场机遇，有助于形成更加均衡的全球贸易体系。

4.吸引外资与技术转移的有效途径

在国际资本流动和技术转移过程中，对等贸易同样发挥着不可忽视的作用。通过对等贸易中的回购和抵销贸易安排，一国不仅可以引入外国的资金，还可以获得先进的技术支持，从而为本国产业的发展提供强有力的动力。这种融资与技术转移的结合，尤其适用于那些传统融资渠道较为受限的国家或地区。通过对等贸易，国家可以在不增加外债压力的情况下，吸引到亟须的资本和技术，推动国内关键产业的升级与现代化。

对等贸易安排还为企业提供了更多的合作机会，通过与外方企业的直接合作，共同开发新的市场和技术，实现双赢的局面。因此，作为一种灵活的贸易机制，对等贸易不仅仅是国际贸易中的一个重要工具，也成了促进全球资本和技术流动的有效桥梁。

第五章 国际贸易与金融市场的探究

第一节 国际贸易的融资方式及创新

国际贸易作为全球经济增长的重要推动力量，其顺利进行离不开有效的融资方式。随着经济全球化的加速发展，企业在国际贸易中的资金需求日益多样化和复杂化，因此各种融资工具应运而生。这些工具不仅为贸易方提供了资金支持，还通过降低交易风险和提高资金流动性，促进了全球贸易的繁荣发展。

一、常见的国际贸易融资方式

（一）信用证

在国际贸易中，信用证作为一种支付工具，起到了至关重要的作用。其核心功能在于将银行作为中介，确保交易的安全性，尤其是在买卖双方对彼此缺乏信任、地理位置遥远、文化差异较大以及法律体系不同的情况下。信用证通过银行的担保，为买卖双方提供了有效的信用保障，使得交易得以顺利进行。

1.信用证的本质

信用证的本质是一种以银行信用为基础的支付承诺。具体而言，当买卖双方达成协议后，买方会通过其所在银行开立一份信用证。该信用证作为银行向卖方做出的付款承诺，条件是卖方在规定时间内提供符合信用证要求的文件，如提单、商业发票、装箱单等，证明货物已按约定交付。一旦这些文件被银行审核通过，银行便会依据信用证的条款向卖方付款。因此，信用证不仅保障了买方的付款能力，还降低了卖方的交易风险。

在跨国交易中，由于受到各自国家法律和制度的约束，双方对彼此的信誉和履约能力往往存在疑虑。这时,银行作为中立的第三方,通过开具信用证,确保了在满足特定条件下,卖方能够顺利收到货款,买方则能确保在付款前获得符合约定的货物。这种机制不仅能降低买卖双方的违约风险,还为双方提供了更大的信任基础,进而推动长期的商业合作。

2.信用证的基本类型

根据交易需求的不同,信用证具有多种形式,每种信用证都有其独特的功能和应用场景。

(1)不可撤销信用证。不可撤销信用证是国际贸易中最为常用的信用证形式。在这种信用证中,除非得到买卖双方的共同同意,否则信用证的条款不能被更改或取消。这种形式的信用证极大地保障了卖方的利益,因为一旦信用证开立,银行就必须按照信用证的条款履行付款义务。对卖方而言,这意味着他们可以安心生产和交货,而不必担心买方因市场变化或其他因素而单方面取消或修改交易条款。这种信用证适用于买卖双方彼此不太了解或交易规模较大的场景。

(2)即期信用证。即期信用证是一种要求银行在收到卖方提交的符合信用证条款的单据后立即付款的信用证形式。即期信用证通常用于买卖双方对货物的交付和付款时间有较为紧迫要求的情况下。卖方一旦交货,并且提供了信用证要求的单据,便可以立即向银行要求付款,这为卖方提供了迅速获取资金的途径。

(3)远期信用证。远期信用证则与即期信用证相反,它允许买方在特定期限后付款。这意味着,即使银行收到符合条件的单据,也不会立即付款,而是在预定的时间段后才会支付。远期信用证的特点在于它为买方提供了一定的付款宽限期,使买方在资金周转较为紧张的情况下,能够延后支付。这种信用证多用于买方希望在收到货物后再出售或使用,从而通过销售所得资金来支付货款的情况。

3.信用证的融资功能

信用证在国际贸易中之所以被广泛采用,不仅因为它能有效降低交易风险,还因为它为交易双方,尤其是卖方,提供了诸多额外的便利。其中,最具吸引力的莫过于信用证所带来的融资功能。

当信用证开立后,卖方可以将信用证作为一种凭证,用来向银行申请融资。通常情况下,卖方在向买方发货后,可以将相关单据提交给开证行或议付行,要求银行根据信用证条款提前支付货款的一部分或全部。这为卖方提供了极大的资金流动性,尤其是在大型交易中,卖方可以依靠信用证的融资功能解决生产或运输过程中的资金压力。例如,某些银行会根据信用证的条款,向卖方提供议付,即根据信用证支付的应收款项提前进行支付,银行则在买方到期付款时收取资金。这种操作方式在一定程度上类似于银行为卖方提供了一种短期贷款。

除此之外,信用证还可以在某些情况下用作抵押品,帮助卖方获得更多的银行贷款。这种信用证背后的融资功能,不仅提高了交易双方的资金使用效率,还为国际贸易的顺利进行提供了重要的金融支持。

4.信用证的主要地位

随着全球化的深入,国际贸易变得日益频繁和复杂,信用证作为一种古老但行之有效的支付工具,依然在现代贸易中占据重要地位。尽管近年来随着技术进步,电子支付和其他新型支付方式逐渐兴起,但信用证由于其独特的保障机制和广泛的适用性,仍然是国际贸易中不可或缺的一部分。

(1)信用证在跨境大宗商品交易中具有不可替代的优势。大型交易通常涉及巨额资金和复杂的物流过程,买卖双方在资金流动和货物交付方面都面临着巨大的风险。信用证通过银行提供的付款担保,大大降低了这些交易的不确定性。此外,信用证在保护卖方利益的同时,也为买方提供了确保货物符合合同要求的保障,因为只有当卖方提供符合要求的单据时,银行才会付款。

(2)信用证在法律上的强制性和独立性也是其被广泛应用的重要原因。信用证作为一种法律文件,具有独立于基础交易合同的法律效力。换句话说,即便基础交易合同出现争议或纠纷,信用证的效力依然不受影响。银行在审查信用证单据时,完全依据信用证条款,而不受基础合同的限制。这种独立性和严格的操作流程,使得信用证在国际贸易中成为最具信赖的支付工具之一。

(二)保理

保理作为一种集贸易融资、应收账款管理以及信用风险转移于一体的综合性金融服务,近年来在国际贸易及企业财务管理领域越来越受到关注。通过保理,卖方能够将其应收账款出售给保理公司,从而在货款尚未到期前获得提前支付,同时将货款回收的风险转移给保理公司。这种服务在缓解企业资金压力、降低坏账风险等方面具有显著优势。

1.保理的实际意义

保理是一种金融服务,主要涉及三个核心要素:保理公司、卖方(债权人)和买方(债务人)。在保理操作中,卖方将其应收账款(即未来的货款)出售给保理公司。保理公司支付给卖方相应的现金流,通常为应收账款金额的一部分,并负责后续的账款管理及追收工作。保理公司则从买方那里收回应收账款,并从中获得相应的服务费用或利息。这一机制的运作模式对于企业来说具有多方面的实际意义,具体如下。

(1)现金流的提前回收。卖方通过保理能够在货款到期前提前获得现金,从而改善企业的现金流状况。这对于中小企业尤其重要,因为这些企业通常面临着较大的资金压力和流动性风险。

(2)信用风险转移。保理公司会对买方的信用状况进行评估,从而帮助卖方了解买方的偿付能力。卖方将账款转让给保理公司后,买方的信用风险由保理公司承担,这有效降低了卖方因买方违约而产生的坏账风险。

(3)账款管理与追收。保理公司负责应收账款的管理和追收工作,这不仅减轻了卖方的财务管理负担,也提高了回款的效率。保理公司通常拥有专业的团队和系统来处理这些任务,从而提高了账款的回收率。

2.保理的根本优势

(1)现金流的提前回收。保理的最显著优势在于能够提供现金流的提前回收。企业在国际贸易中经常面临较长的交易周期,尤其是在跨国交易中,货款的回笼可能会拖延数月甚至更长时间。这种情况会对企业的生产和经营活动产生不利影响,特别是对于资金链较为紧张的中小企业而言,资金的紧张问题尤为突出。通过保理,卖方能够在货款到期之前获得提前支付,这样不仅可以缓解企业的资金压力,还可以支持企业的日常运营和发展计划。

(2)降低坏账风险。保理公司在购买应收账款时,通常会对买方进行信用评估,分析其偿债能力和信用状况。这种评估不仅可以帮助卖方了解买方的信用风险,还可以减少因买方违约而带来的资金损失。当卖方将应收账款转让给保理公司后,保理公司会承担相关的信用风险,即使买方违约,卖方也不会受到损失。这种风险转移机制对于降低企业的财务风险具有重要作用。

(3)减轻财务管理负担。保理公司不仅提供融资服务,还负责应收账款的管理和追收工作。企业在日常经营中需要处理大量的账务和追账工作,这会占用大量的时间和人力资源。通过保理服务,企业将这些任务外包给专业的保理公司,从而减轻了自身的财务管理负担。保理公司拥有专业的财务管理团队和高效的账款追收系统,可以提高账款的回收效率,降低坏账的发生概率。

(4)改善企业财务稳定性。由于保理能够提供稳定的现金流,并降低坏账风险,企业的财务稳定性得到了显著改善。稳定的现金流可以帮助企业更好地规划和控制财务资源,支持企业的战略投资和发展计划。同时,减少坏账的风险也有助于提高企业的财务健康水平,使其能够在激烈的市场竞争中保持竞争力。

在国际贸易中,交易周期较长,资金回笼速度较慢,企业面临的风险较高。通过保理服务,企业能够有效应对这些挑战。例如,一家出口企业在与国外客户签订合同后,通过将应收账款出售给保理公司,能够提前获得资金,从而支持生产和物流安排。同时,保理公司对国外客户的信用评估也帮助企业降低了风险,使其能够在国际市场中更加自信地开展业务。

(三)银行承兑汇票

银行承兑汇票是一种由银行承诺在汇票到期时支付指定金额的支付工具。在金融交易中,银行承兑汇票因其强大的信用保障和高效的融资功能,广泛应用于国际贸易和国内商业活动中。相较于普通的商业汇票,银行承兑汇票具有更高的安全性和可靠性,因而得到了许多企业的青睐。

第一,银行承兑汇票的核心优势在于其信用背书功能。银行作为承兑方,在汇票到期时承担支付责任,这意味着即便开票企业因种种原因无法如期付款,银行依然会依据承诺支付票据上的款项。因此,银行承兑汇票具有银行信用的强有力支持,这在很大程度上减少了交易双方的信用风险。这一特性使得银行承兑汇票成为企业间交易的可靠保障,尤其是在国际贸易中,银行承兑汇票因其在不同法律和商业环境下的普适性,成为跨国交易的主流工具之一。

第二,银行承兑汇票具备良好的融资功能。企业在拥有银行承兑汇票后,不必等到汇票到期便能通过银行或其他金融机构将汇票贴现,获得现金。这种贴现融资服务为企业提供了灵活的融资渠道,使企业能够更快速地获取运营资金。在国际贸易中,企业常常需要在发货前获得一部分的预付款,而银行承兑汇票的贴现服务则为企业提供了提前获得现金的途径,帮助企业提高资金周转效率。

第三,银行承兑汇票因其较高的信用等级,还可以作为企业与银行、供应商等其他合作方之间的抵押或质押工具。这使得企业在不影响正常经营的情况下,能够通过汇票融资,扩大生产和贸易规模。对一些中小企业而言,银行承兑汇票尤其重要,因为它们通常难以直接从银行获得大额贷款,而通过汇票贴现或质押融资则成为其重要的融资方式之一。

二、国际贸易融资方式的创新

国际贸易作为全球经济发展的核心引擎,依赖于大量资金流动与信用支持。然而,传统的贸易融资方式虽然在过去发挥了重要作用,但随着全球化进程的加快和金融技术的革新,其局限性逐渐显现。因此,创新的国际贸易融资方式逐渐兴起,并逐步改善了现有贸易体系中的资金流通和风险管理。

(一)供应链金融

供应链金融是一种创新的融资模式,通过整合供应链中各环节的资金需求，实现全链条的资金优化配置。该模式突破了传统贸易融资仅依赖单个企业信用的局限，而是将整个供应链作为一个整体，利用其稳定的交易关系进行融资。例如，大型核心企业的信用优势可以通过供应链金融向上下游企业传递，帮助中小企业获得更加便捷的融资渠道。这种模式不仅降低了融资成本，还缩短了融资时间，提升了资金流转效率。供应链金融的发展推动了国际贸易中的融资创新，使全球供应链的每一环节都能享受到融资便利，增强了贸易链条的整体竞争力。

（二）金融科技

1.区块链技术

区块链技术是一种去中心化的分布式账本技术，其核心特点包括去中心化、不可篡改性和透明化。去中心化是指区块链不依赖任何中央机构或第三方进行数据的管理和认证，所有参与节点共同维护系统的运行，这一特性有效降低了对中介机构的依赖。不可篡改性则确保了在区块链上记录的数据一经写入便无法更改，增加了数据的可靠性与安全性。透明化则意味着系统中的所有交易信息可以被所有参与者实时查看，降低了信息不对称性和信任成本。这些特性使区块链技术在金融领域，尤其是国际贸易融资中，展现出巨大潜力。国际贸易本质上是跨国交易，涉及不同法律体系、时区和语言的参与者，传统的融资模式依赖中介机构处理复杂的跨国交易流程，而区块链技术的引入能够大幅简化这些流程，降低交易成本，并提升安全性。

在传统国际贸易融资中，信用风险是不可避免的挑战。买方的违约风险、银行的信用评估不准确，甚至物流信息的不透明，都会导致信任成本增加。区块链技术通过去中心化的特性，解决了这些信任问题。由于所有交易记录都在区块链上公开透明，各方可以实时查看交易进展，降低了对信用中介的依赖。同时，区块链的不可篡改性保证了所有交易记录的真实性，防止信息篡改或欺诈行为。对于金融机构而言，使用区块链技术可以大幅降低交易过程中出现违约或欺诈的风险，从而降低信用评估的复杂性，优化贷款审核流程。这不仅提高了融资的安全性，还增强了国际贸易交易的可信度。

区块链技术在国际贸易融资中的应用还处于发展初期,但其潜力巨大。未来,随着技术的不断成熟,区块链有望进一步推动全球贸易的数字化和智能化发展。例如,结合物联网、人工智能等前沿技术,区块链可以实现全流程自动化的贸易管理,使贸易交易更加高效、透明。同时,政府和金融机构的支持也将推动区块链在国际贸易中的应用发展。通过完善相关的法律法规和标准,区块链技术可以在全球范围内得到更广泛的应用,进一步提升国际贸易的安全性和效率。

2.智能合约技术

智能合约是通过编写好的代码条款和规则,自动执行合同约定的内容。智能合约的核心特点是自动化、透明性和不可篡改性。当合同双方在交易中设定的条件被满足时,智能合约会自动触发并执行相应的操作,如资金支付、货物交付等,而无需人工干预。这种自动化的特点不仅提高了交易的效率,还大幅减少了人为干预带来的潜在错误和争议。相比传统合约,智能合约的执行效率更高,执行成本更低,因此在国际贸易融资中具有广泛的应用前景。

国际贸易涉及多方参与者,包括出口商、进口商、银行、物流公司和保险公司等,流程复杂且容易受到人为错误或信息延迟的影响。智能合约通过自动执行预设条件,极大简化了这些复杂流程,尤其在信用证开具、货物验收和支付等方面具有重要应用。通过智能合约,出口商发货后,相关的物流、验货和支付流程都可以自动触发和执行。智能合约可以与物联网技术结合,实时跟踪货物状态,一旦货物到达指定地点并通过验收,智能合约将自动通知银行进行付款。这种自动化处理减少了交易延迟,提高了资金周转效率,增强了国际贸易的流动性。

国际贸易中,交易双方通常来自不同国家,存在文化差异、法律差异以及信息不对称问题,增加了交易中的信任成本。智能合约通过其不可篡改性和透明性,解决了这些问题。由于所有的交易记录和合同条款都公开透明,双方无需担心数据被篡改或丢失,这为交易的安全性提供了保障。此外,智能合约消除了中介机构的作用,使交易双方直接进行互动。这种点对点的交易模式减少了中介费用,进一步提高了交易透明度和成本效益。智能合约的执行过程也完全公开,任何一方无法擅自更改合同条款或干预执行过程,确保了公平性与公正性。

智能合约的广泛应用标志着国际贸易融资迈向数字化、智能化的新时代。未来,随着区块链技术的进一步成熟和全球金融体系的数字化转型,智能合约将在更多的国际贸易场景中得到应用。金融机构、企业和政府都应积极推动智能合约的技术研发和标准化工作,以确保其在国际贸易中的广泛普及和规范化发展。未来,智能合约不仅将优化国际贸易的融资流程,还将在其他领域如供应链管理、保险和跨境支付中发挥重要作用。通过与其他技术的融合,智能合约有望进一步提升全球贸易的透明度和安全性,构建一个更加高效、互信的国际贸易环境。

第二节 国际贸易风险及管理策略

一、传统国际贸易风险管理策略

国际贸易涉及的风险种类繁多,包括政治风险、经济风险、信用风险、汇率风险、法律和合规风险等。为了保障交易的安全与稳定,企业需要采取系统化的风险管理和防范策略。

(一)政治风险及管理策略

政治风险在全球化经济中对企业投资和经营活动具有深远的影响。这种风险源于目标国家的政治环境的变化,包括政府更迭、政策调整、战争或其他形式的政治不稳定。随着国际市场的开放和企业跨国投资的增加,理解和管理政治风险成为企业战略规划中的重要一环。

1.政治风险的影响

政治风险指的是由于目标国家政治环境的变化而对企业投资和经营产生的不确定性和潜在威胁。这类风险主要有以下方面的影响:

(1)投资回报的不确定性。由于政治环境的变化,企业可能面临政策调整带来的成本增加或收益减少,从而影响投资回报。政策的不确定性增加了投资决策的复杂性,企业可能会面临投资回报的不确定性和风险。

(2)运营成本的增加。政治风险可能导致运营成本的增加。例如,政策调整可能引发税收增加、法规遵守成本上升或经营环境恶化等,这些都可能增加企业的运营支出,影响盈利能力。

(3)资产安全风险。在政治不稳定的地区,企业的资产安全面临威胁。战争、冲突或社会动荡可能导致企业设施的破坏、资产的流失或经营中断。企业需要采取措施保护其资产的安全,以避免严重的财务损失。

(4)市场准入和业务开展的困难。政治风险可能影响企业的市场准入。政府对外国投资的限制、政策的变动以及外汇管制等,可能使企业在目标市场的业务开展变得更加困难。

2.政治风险的管理策略

(1)进行详尽的政治风险评估。在进入目标市场之前,企业应进行详尽的政治风险评估。这包括分析目标国家的政治稳定性、政策环境、政府态度以及社会动荡的可能性。通过了解这些因素,企业可以评估潜在的政治风险,并制定相应的应对策略。政治风险评估应涵盖多个层面,包括宏观政治环境的变化和微观政策的调整。

(2)选择政治稳定的国家进行投资。企业在选择投资国家时,应优先考虑那些政治环境相对稳定的国家。政治稳定的国家通常具有较为成熟的法律体系和政策环境,对外资的管理也较为透明。这可以大大降低政治风险对企业投资的影响,提高投资的安全性。

(3)通过购买政治风险保险转移部分风险。政治风险保险可以涵盖政府征收、货币兑换限制等原因造成的损失。通过购买政治风险保险,企业可以将部分政治风险转移给保险公司,从而减轻因政治风险导致的财务压力。

(4)建立良好的政府关系。与目标国家的政府建立良好的关系,可以帮助企业更好地了解政策变化,并在必要时获得政策支持。企业可以通过参与地方经济活动、加入商会或与政府机构保持沟通,来建立和维护良好的政府关系。这种关系有助于企业在面临政治风险时获得更好的支持和应对措施。

(5)分散投资风险。通过将投资分散到多个国家或地区,企业可以降低因某一国家政治风险而导致的整体风险。分散投资不仅可以降低单一市场风险,还可以利用不同市场的增长潜力,提升企业的全球竞争力。企业应根据市场机会和风险分布情况,制定合理的投资组合策略。

(6)制定应急预案。企业应制定详细的应急预案,以应对突发的政治风险事件。这些预案应包括危机管理措施、资产保护策略、供应链应对方案以及人员安全保障计划。应急预案可以帮助企业在面对突发事件时快速反应,降低损失,并保持业务的连续性。

(二)经济风险及管理策略

1.经济风险的影响

经济风险是指经济环境中的不确定性和变动对企业运营和财务状况造成的潜在威胁。

(1)财务压力增加。经济风险带来的市场需求下降、经济衰退或通货膨胀等因素,会直接影响企业的销售收入和利润水平。当企业面临财务压力时,可能需要采取额外的融资措施,增加财务成本,并可能导致企业的财务健康状况恶化。

(2)市场竞争加剧。经济风险往往会导致市场环境的变化,增加市场竞争的激烈程度。在经济衰退或市场需求变化的情况下,企业需要在竞争中保持竞争力,否则可能面临市场份额的丧失和业务的缩减。

(3)成本压力上升。通货膨胀和汇率波动等因素可能导致企业的生产成本上升。当成本上涨超过企业的定价能力时,企业的利润可能受到挤压。这要求企业在管理成本方面采取有效措施,以保持盈利能力。

(4)投资回报不确定性。经济风险增加了投资回报的不确定性。企业在进行资本投资时,可能面临预期回报的风险,尤其是在经济衰退或市场需求波动较大的情况下。这要求企业在制定投资决策时,充分考虑经济风险的影响,并进行风险评估。

(5)供应链和生产管理难度增加。经济风险可能对企业的供应链和生产管理产生影响。例如,市场需求变化可能导致供应链的不稳定,生产计划的调整等。企业需要灵活调整供应链和生产策略,以应对这些不确定性带来的挑战。

2.经济风险的管理策略

(1)多样化市场和产品组合。市场和产品的多样化是降低经济风险的重要策略。通过进入多个市场和推出多种产品,企业可以分散单一市场或产品风险的影响。例如,企业可以拓展国际市场,以减少对某一市场经济波动的依赖。同时,产品的多样化可以满足不同市场的需求,降低对单一产品需求变化的风险。

(2)进行市场调查和预测。市场调查和预测是了解市场需求变化和经济趋势的重要手段。企业应定期进行市场调研,收集市场数据和消费者反馈,分析市场趋势和竞争态势。通过建立科学的预测模型,企业可以提前预见市场变化,做出相应的调整和决策。

(3)建立灵活的供应链和生产体系。建立灵活的供应链和生产体系有助于企业应对市场波动和经济变化。企业可以通过优化供应链管理,建立多个供应来源和备选方案,以应对供应链中断或成本上涨的风险。同时,灵活的生产体系可以根据市场需求的变化进行快速调整,提高生产效率和响应速度。

(4)优化财务管理和成本控制。优化财务管理和成本控制是应对经济风险的关键措施。企业应建立科学的财务管理体系,监控财务状况,合理安排融资和投资。通过有效的成本控制措施,例如优化采购和生产流程,降低运营成本,企业可以提高财务稳定性,增强应对经济风险的能力。

(5)利用金融工具对冲风险。金融工具的使用可以帮助企业对冲经济风险。例如,企业可以通过使用期货合约、期权合约等金融工具来对冲汇率风险和利率风险。同时,保险产品也可以用于保障企业在经济风险事件中的财务安全。

(三)信用风险及管理策略

1.信用风险的影响

信用风险是指交易对方未能按合同履行其金融或商业义务,从而对企业造成潜在损失的风险。

(1)财务损失。当交易对方未能履行合同义务时,企业可能面临直接的财务损失。例如,未支付的货款会导致企业的营收减少,影响整体财务状况。违约可能还会带来额外的法律费用和追收成本。

(2)现金流问题。信用风险带来的延迟支付或违约可能对企业的现金流造成压力。企业需要在资金流动性紧张的情况下进行生产和运营,这可能导致短期内的财务困境和运营风险。

(3)商业关系受损。信用风险的发生可能会影响企业与交易对方的商业关系。违约或不履行合同义务可能导致双方的信任关系破裂,影响未来的合作机会和商业信誉。

(4)法律纠纷和合规风险。国际交易中的信用风险可能涉及法律纠纷和合规问题。跨国交易中的合同纠纷可能需要依赖不同国家的法律体系解决,增加了法律成本和合规风险。

(5)供应链和生产链影响。信用风险还可能对供应链和生产链造成影响。例如,买方未能按时付款可能导致供应商的供应中断,影响生产计划和交货时间。

2.信用风险的管理策略

(1)对客户进行背景调查和信用评级。在与客户建立商业关系之前,企业应对客户进行详尽的背景调查和信用评级。背景调查包括评估客户的财务状况、经营历史、信用记录和行业声誉等。信用评级可以通过第三方信用评级机构或信用评估工具进行,以了解客户的信用价值。这些调查和评级有助于企业判断客户的风险水平,做出相应的决策。

(2)要求客户提供担保或保证。企业可以通过要求客户提供担保或保证来降低信用风险。担保可以是个人担保、公司担保或银行担保等,担保方承诺在客户违约时履行合同义务。保证措施包括要求客户支付定金、提供履约保证金等。这些担保和保证措施可以增强企业对客户履约的信心,降低违约风险。

(3)使用信用证等融资工具以确保付款安全。信用证是一种常用的国际贸易融资工具,它由银行开立,保证在符合信用证条款的情况下,卖方可以获得付款。信用证能够减少卖方在交易中的信用风险,因为银行承诺在买方未能付款时承担支付责任。企业可以选择适合的信用证类型(如不可撤销信用证、可转让信用证等),以确保交易的安全性和可靠性。

(4)制定完善的合同条款。在签订合同前,企业应制定完善的合同条款,以明确各方的权利和义务。合同应包括详细的支付条款、违约条款、争议解决机制等。这些条款可以为企业提供法律保障,降低合同履行风险。此外,企业应确保合同符合相关法律法规,并在合同中明确规定违约责任和赔偿措施。

(5)定期监控和评估客户信用状况。企业应定期对客户的信用状况进行监控和评估,以及时发现潜在的信用风险。通过跟踪客户的财务报告、信用记录、市场动态等信息,企业可以了解客户的财务健康状况和风险变化。定期评估客户信用状况有助于企业及时调整信用管理策略,降低风险。

(6)建立风险预警和应对机制。企业应建立风险预警和应对机制,以快速应对信用风险事件。风险预警机制可以通过设立风险管理团队、制定风险预警指标等方式实现。当发现潜在的信用风险时,企业应启动应对机制,采取相应的措施,如加强催款、调整信用政策、寻求法律援助等。

(7)采购信用保险。信用保险是一种有效的信用风险管理工具,能够为企业提供保障。通过采购信用保险,企业可以转移因客户违约或延迟支付造成的风险。信用保险公司会根据保险合同对企业的损失进行赔偿,从而减少企业的财务压力。

(四)汇率风险及管理策略

1.汇率风险的影响

汇率风险是指由于外汇汇率波动而对企业财务状况和经营结果产生的潜在威胁。

(1)财务稳定性受损。汇率波动会影响企业的财务稳定性,尤其是在国际贸易中涉及外币交易的情况下。汇率的剧烈波动可能导致企业的交易成本和收入的不确定性,从而影响财务报表的稳定性和准确性。

（2）盈利能力下降。汇率风险可能导致企业的盈利能力下降。当企业的收入和支出以不同货币计价时，汇率变动可能导致利润水平的波动。例如，如果企业在销售收入中以外币计价，而在支付成本时以本币支付，汇率的变化可能导致利润的减少。

（3）市场竞争力受影响。汇率的波动可能影响企业的市场竞争力。汇率的贬值可能导致企业的产品在国际市场上价格降低，从而提高市场竞争力；而汇率的升值则可能导致产品价格上升，降低市场竞争力，影响市场份额和销售业绩。

（4）财务报告不准确。由于折算风险和转换风险，汇率的波动可能导致企业的财务报告不准确。汇率波动可能影响财务报表中的资产、负债和利润的折算，导致报告的数据发生变化，从而影响财务报告的可靠性和决策的准确性。

（5）融资成本增加。汇率波动可能影响企业的融资成本。当企业以外币融资时，汇率的变化可能导致融资成本的增加或减少。汇率的不确定性可能影响企业的财务计划和资本结构，增加融资成本。

2.汇率风险的管理策略

（1）使用汇率对冲工具。企业可以使用远期合约、期权等金融工具对冲汇率风险。远期合约是一种约定在未来某一时间以固定汇率进行交易的合同，能够锁定汇率，减少未来汇率波动对交易成本的影响。期权则是一种赋予买方在未来某一时间以约定汇率进行交易的权利，但不承担强制义务，能够灵活应对汇率波动。

（2）多币种账户管理。通过多币种账户管理，企业可以降低汇率风险的影响。企业可以在不同货币中开设账户，以实现对不同货币资金的灵活管理。这种策略有助于减少因汇率波动引起的资金转换成本，并保持资金的流动性和稳定性。

（3）调整定价策略。调整定价策略是应对汇率风险的有效方式。企业可以根据汇率波动调整产品价格，以保持利润水平和市场竞争力。例如，企业可以将汇率风险转嫁给客户，通过调整产品价格或制定价格调整机制来应对汇率的变化。定价策略应充分考虑汇率波动的影响,并保持价格的灵活性和市场的竞争力。

(4)制定汇率风险管理政策。企业应制定汇率风险管理政策,明确汇率风险管理的目标、策略和实施措施。汇率风险管理政策应包括对冲策略、风险评估方法、风险限额等内容。通过制定和实施汇率风险管理政策,企业可以系统地管理汇率风险,提高风险管理的科学性和有效性。

(5)进行汇率风险评估。企业应对汇率波动的历史数据进行分析,评估汇率风险对财务状况和经营活动的潜在影响。通过汇率风险评估,企业可以了解风险的来源和程度,制定相应的对策和调整计划。

(6)利用金融市场信息。企业应关注国际金融市场的动态,包括汇率走势、货币政策、经济数据等。通过分析市场信息,企业可以预测汇率的变化趋势,并调整风险管理策略。

(7)建立风险管理团队。建立专业的风险管理团队可以提升汇率风险管理的效果。风险管理团队负责汇率风险的监控、评估和对策制定,确保风险管理策略的有效实施。团队应具备相关的金融和经济知识,能够准确分析和应对汇率风险。

二、现代国际贸易风险管理策略

现代风险管理策略帮助企业识别、评估和应对各种潜在风险,从而增强其竞争力和市场适应能力。

(一)金融衍生工具的使用

金融衍生工具是指其价值依赖于其他金融资产或指标的合约。这些工具广泛应用于风险管理中,其主要类型包括期货、期权和互换等。

第一,期货合约允许交易双方在未来某一特定日期以约定价格买入或卖出特定资产。这种合约的存在使得企业可以锁定价格,从而降低市场价格波动带来的风险。例如,一家依赖原材料的制造企业可以通过期货市场提前锁定采购价格,避免因市场价格上涨而增加生产成本的风险。第二,期权合约给予持有者在特定时间内以约定价格买入或卖出资产的权利,但并不承担义务。与期货相比,期权具有更大的灵活性,适用于不同风险偏好的投资者。例如,企业可以购买看跌期权以保护其资产在市场下跌时的价值,同时在市场上涨时仍可享受收益。第三,互换是一种协议,双方同意在未来某一时期交换现金流。这种工具主要用于利率风险管理和外汇风险管理。通过互换协议,企业可以在利率或外汇市场的不确定性中找到平衡,优化其资金结构。

(二)风险对冲策略的实施

风险对冲是指通过采取相应的金融手段来减少或抵消潜在损失的策略。这种策略的实施通常涉及多种金融工具和市场的组合运用,以实现风险的最小化。在国际贸易中,企业常常面临汇率风险、利率风险和商品价格风险等,合理的对冲策略能够有效降低这些风险带来的影响。

第一,采用多样化投资组合。通过投资于不同地域、行业和资产类别的产品,企业可以在一定程度上降低整体投资的波动性。例如,一家出口导向型企业如果同时在多个国家开展业务,可以通过不同市场的收益互补,减轻单一市场波动对整体收益的影响。第二,利用金融工具如外汇期货合约和利率互换合约来进行专业化对冲。例如,当企业面临外汇风险时,可以通过外汇期货合约锁定汇率,从而避免未来汇率波动带来的损失。同时,利率互换则帮助企业在利率环境变化时,降低融资成本和风险。

(三)保险机制的创新

保险作为传统的风险管理手段,旨在通过风险分散和资金互助机制来降低潜在损失。现代保险机制的创新在于其适应性和灵活性,尤其在国际贸易环境中,企业需要不断应对各种新兴风险。例如,随着数字经济的发展,网络安全风险逐渐成为企业关注的重点。许多保险公司已推出专门针对网络安全的保险产品,帮助企业转移数据泄露、网络攻击等事件造成的财务损失。此外,企业还可以购买货运保险,保障在运输过程中的货物损失风险,这在跨国贸易中尤为重要。

现代保险还强调动态风险管理。与传统保险合同不同,创新型保险产品通常结合了实时数据监控和风险评估。例如,通过使用物联网技术,企业可以实时监控货物的运输状态,提前识别潜在风险,从而采取相应措施,降低保险索赔的概率。这种基于数据的保险机制为企业提供了更为灵活和个性化的风险管理方案。

第三节 国际金融市场与国际贸易的共生关系

国际金融市场与国际贸易之间有着密切的互动关系,二者共同构成了全球经济的核心动力。这种关系不仅表现在国际金融市场对国际贸易的支持上,也反映在国际贸易对金融市场的深远影响上。在全球经济一体化的背景下,金融市场为国际贸易提供资金支持、风险管理工具,而国际贸易又推动了金融市场的需求和创新发展。通过详细探讨这一共生关系,我们可以更加清晰地理解全球经济的运作逻辑,并认识到二者在推动全球化进程中的重要作用。

一、国际金融市场对国际贸易的支持

(一)提供多样化的融资工具

国际金融市场通过提供各种融资工具,有效促进了国际贸易的顺利进行。国际贸易的核心在于跨国企业和各国政府之间的资金流动,而这些资金需求往往远超企业或国家的短期储备。在这一过程中,国际金融市场提供了如信用证、汇票、保理等多种融资方式,帮助企业获取必要的流动资金。例如,信用证为进口商和出口商提供了一种保障,确保交易各方都能在约定条件下得到相应的付款。这些工具有效地缓解了企业在跨境贸易中的资金短缺问题,确保了国际贸易活动的连续性与稳定性。

(二)风险管理与汇率对冲

国际贸易往往涉及不同国家间的货币交易,汇率波动带来的风险不可忽视。国际金融市场提供的汇率对冲工具成了企业规避汇率波动风险的有力手段。例如,企业可以通过远期外汇交易、期权等金融工具来锁定未来交

易的汇率,防止因汇率波动带来的潜在损失。这类金融工具不仅能够为企业提供汇率风险管理,还提高了企业进行国际贸易的稳定性和可预测性。此外,全球金融市场还为企业提供了一系列的金融衍生品和保险服务,帮助它们规避其他潜在风险。金融衍生品的出现使得企业可以根据其具体需求定制适合的风险管理策略。例如,跨国公司可以通过选择期货、期权或掉期等工具来管理各种价格风险,如商品价格波动、利率变化等。这不仅有效降低了企业的交易风险,还增强了企业参与国际贸易的信心。

(三)提供高效的支付和结算服务

国际贸易的顺利开展离不开快捷、可靠的支付与结算服务。国际金融市场通过提供全球化的支付网络和结算系统,确保了跨境交易的迅速完成。传统的银行支付系统如SWIFT和新的支付技术如区块链技术都在不断提高国际贸易的效率。SWIFT系统作为全球最大的银行间支付网络,能够快速、安全地完成跨境资金转移,而区块链技术的应用则进一步减少了中间环节,提升了交易的透明度和安全性。高效的支付和结算服务为企业和金融机构在国际市场上的交易提供了便利,进一步促进了全球贸易的扩展。

二、国际贸易对国际金融市场的推动

(一)推动金融市场的需求增长

随着全球贸易量的上升,企业对金融服务的需求愈加旺盛。这种需求不仅表现在融资方面,也体现在汇率管理、资金结算、风险管理等多方面。尤其是跨国公司的增多,进一步扩大了金融市场的服务范围与深度。跨国公司需要在多个国家开展业务,涉及多种货币交易和复杂的资金管理,这极大地推动了金融市场的创新和服务多样化。

在国际贸易增长的背景下,金融机构需要不断研发新型金融工具,以满足全球企业的多元化需求。例如,随着大宗商品贸易的兴起,商品期货市场逐渐壮大,为企业提供了更为丰富的价格风险管理工具。而跨境电子商务的快速发展,也带来了对跨境支付服务的巨大需求,推动了金融科技的快速崛起。

(二)促进金融创新和全球化

国际贸易不仅为金融市场带来了需求,还促使了金融市场的创新。为了应对复杂多变的国际贸易环境,金融市场不断推陈出新,开发出更加灵活、高效的金融工具和服务。例如,跨境资金的流动需要更加精准和迅速的结算系统,这促使了如实时支付系统、电子票据和供应链金融等新型金融服务的诞生。这些创新不仅提升了金融市场的服务能力,还为国际贸易的进一步繁荣提供了技术支持。

此外,国际贸易的活跃加速了全球金融市场的融合与发展。跨国贸易的频繁开展,使得全球各国的金融市场联系更加紧密,资本流动也变得更加迅捷。金融市场的全球化趋势加深了各国金融体系之间的相互依存,使得各国的金融政策和市场动态对全球市场产生了更为广泛的影响。这种全球化的金融市场在促进资本有效配置的同时,也带来了更多的市场机遇和挑战。

(三)金融市场的深度与广度扩展

国际贸易的发展不仅体现在贸易量的增长上,也体现在贸易结构的不断复杂化。这一过程促使金融市场从传统的融资服务,逐步扩展到更为复杂的金融服务体系,如投资银行、证券交易和资本市场等。尤其是大型跨国公司的全球化运营,对资本的需求已经不再局限于短期融资,更多地倾向于通过资本市场筹集长期资金,推动了全球资本市场的深化与扩展。

同时,随着全球贸易网络的不断扩大,区域性金融市场的联动性也在增强。各国金融市场之间的合作与竞争,使得资本流动更加高效,并推动了国际金融中心的形成与发展。纽约、伦敦、香港等国际金融中心的崛起,正是国际贸易与金融市场相互促进的结果。这些金融中心不仅为全球企业提供了融资便利,也为全球投资者提供了丰富的投资选择,进一步推动了全球资本的流动与配置。

第六章 国际贸易与环境的可持续探析

第一节 国际贸易对环境的影响

伴随经济全球化的发展，贸易成为各国获取利益的重要途径，然而国际贸易的发展在带来利益的同时，影响了环境平衡，气候变暖、雾霾天气等环境问题日益严重。面对复杂且严峻的气候变化形势，我国作为一个负责任的大国，更是提出“双碳”目标，即“碳达峰、碳中和”，以最大努力推动贸易绿色转型和环境污染防治。因此，贸易引发的环境影响需要重新考量，贸易与环境的平衡、协调及可持续成为国际贸易发展亟待解决的问题。

一、规模—结构—技术效应对环境的影响

规模—结构—技术效应构成了一个复杂而动态的框架，深刻影响着环境的演变轨迹。规模效应的负面性不容忽视，它随着贸易体量的增长而加剧环境负担，反映出经济活动扩张与环境承载能力之间的紧张关系。然而，结构效应则展现出一种双重性，其通过资源要素在全球范围内的优化配置，既能促进产业升级，减少污染密集型产业的比重，从而潜在地改善环境；也可能因资源错配或产业转移至环境标准较低地区而加剧环境问题。技术效应作为一股积极的力量，通过国际贸易平台引入先进环保技术和生产工艺，为减轻环境压力提供了有效路径，体现了技术创新在环境保护中的关键作用。三者交织作用，共同塑造了贸易与环境之间复杂的倒U型关系，即初期贸易扩张可能加剧污染，但随着技术升级和结构调整，最终有望实现环境质量的提升。

二、收入效应对环境的影响

收入效应通过国际贸易促进的经济增长，提高了民众的收入水平，进而

触发了对更高质量生活环境的追求，包括对清洁产品的偏好增强和环境标准的提升。这一过程不仅促进了环保技术的研发与应用，还激励了环境防治措施的加强，形成了一种自下而上的环境改善动力。南北贸易模型的构建进一步验证了这一机制，揭示了人均收入增长与环境质量提高之间的潜在倒U型关系，即随着收入的增加，人们对环境质量的关注度提升，促使环境规制加强，最终促进环境质量的正向转变。

三、环境规制对环境的影响

环境规制作为政府干预的重要手段，通过设定环境信息公开要求、制定严格的环境标准及征收环境税费等措施，对国际贸易活动施加了重要影响。这些规制措施不仅提升了企业的环境责任感，还通过需求激励和压力驱动双重机制促进了企业的技术创新。一方面，环境规制引导市场需求向绿色产品倾斜，激励企业加大环保技术投入，提升产品环保标准；另一方面，环境税费等成本因素迫使企业寻求更高效的生产方式，减少污染排放，提高资源利用效率。尽管环境规制对环境提高的作用存在局限性，但其对推动企业绿色转型、提升整体环境质量的积极作用不容忽视。

四、脱钩效应对环境的影响

脱钩效应作为国际贸易中环境成本与污染排放分离的关键机制，其核心在于通过全球贸易网络重新配置环境负荷，实现环境效益的跨国界优化。在国际贸易体系中，当一国出口规模显著且能有效将环境成本转移至国外市场时，同时结合各国间环境规制强度的差异性，脱钩效应便得以显现。此效应不仅促进了贸易与环境的和谐共生，还为可持续发展路径的探索提供了新思路。特别是，在“双碳”目标的引领下，中国对外贸易正致力于追求贸易规模持续扩张与碳排放显著降低的理想脱钩状态，这不仅是经济增长模式的转型，更是对全球环境治理责任的积极回应。

五、贸易产品和贸易方式对环境的影响

国际贸易中产品的流动对环境的影响深远且复杂。贸易产品的环境属性直接关联其生产技术的绿色化程度，清洁产品的广泛流通促进了全球环保趋势的加强，而高污染、高能耗产品的交易则可能加剧局部或全球性的环

境压力。尽管短期内贸易产品对环境的具体影响难以精准预测，但从长远视角看，推动贸易结构向清洁化转型无疑是提高环境质量的积极力量。

此外，贸易方式的差异亦对环境产生了区域性的差异化影响。加工贸易与一般贸易在减排技术运用、环保投资力度及各自在贸易总额中的占比等方面的不同，导致了它们在环境影响上的显著差异。这种区域差异性提示人们，在制定国际贸易政策与环境保护措施时，需充分考虑贸易方式的特定性及其环境效应，以实现更加精准有效的环境管理策略。

第二节 国际贸易中的绿色贸易壁垒及应对

随着经济全球化的深化发展，国际贸易已成为连接各国经济与文化的重要桥梁，显著促进了全球资源的优化配置与文化的相互交融。这一进程不仅加速了经济政策的国际趋同，也引发了政策层面的深刻变革与考量。特别是绿色贸易壁垒的兴起，作为国际贸易政策领域的一个重要议题，其影响深远且复杂，尤其对于发展中国家而言，既是挑战也是转型的契机。

一、绿色贸易壁垒

绿色贸易壁垒，即环境贸易壁垒，准确而言，是国际贸易进展中相关国家为了保护自然生态环境质量、促进人类和动植物健康生长，通过法律机制和环境先进技术以及检验检疫手段优化进口商品服务的一种途径。①

对于发展中国家而言，绿色贸易壁垒的存在无疑增加了其国际贸易的复杂性与不确定性。一方面，这些壁垒可能阻碍其传统出口商品的国际市场准入，影响贸易收入的稳定增长；另一方面，它们也促使发展中国家反思并调整自身经济发展模式，加强环境保护与技术创新，以跨越绿色门槛，实现绿色转型与可持续发展。因此，绿色贸易壁垒虽构成一定限制，但亦为推动发展中国家经济结构调整、提升国际竞争力提供了外部驱动力。

(一)绿色贸易壁垒的表现形式

第一，环境进口附加税制度。环境进口附加税制度作为其核心形式之

①李卓文.国际贸易中的绿色贸易壁垒问题及解决对策[J].产业创新研究，2022(1).

一，通过经济手段对环保敏感产品实施额外税负，旨在引导国际市场关注并减少环境损害。这一措施虽直接推高了进口商品成本，削弱其市场竞争力，但客观上促进了全球对环境保护的重视，引导资源配置向更加绿色可持续的方向倾斜。第二，环保技术标准与产品绿色标准。这些标准贯穿产品生产加工的全过程，构成了国际市场对产品质量及环保性能的严格要求。对于技术相对落后的发展中国家而言，这既是挑战也是机遇，促使它们加快技术创新与产业升级，提升产品国际竞争力。长期来看，这有助于推动全球生产体系的绿色转型，促进国际贸易向更加环保、高效的方向发展。

（二）绿色贸易壁垒对国际贸易的影响

第一，积极影响。通过设置环境门槛，有效遏制了高污染、高能耗产品的国际流通，保护了全球生态环境，并促使各国政府和企业加强环境管理，完善环保法律法规体系。第二，消极影响。高标准的环保要求增加了出口国的生产及物流成本，压缩了利润空间，削弱了价格优势，尤其对依赖资源密集型产品出口的国家构成严峻挑战，可能引发经济波动乃至危机。

（三）绿色贸易壁垒的出现原因

近年来，全球经济格局的变动，尤其是部分区域经济增长放缓与失业率的攀升，间接促成了贸易保护主义的抬头。在此背景下，绿色贸易壁垒凭借其名义上的环保与健康合理性，在全球范围内获得了广泛认可与应用。这种壁垒不仅巧妙地与世界贸易组织推动的环保目标相契合，表面上满足了市场对绿色消费日益增长的需求，同时顺应了全球可持续发展的时代潮流，其设立依据更是深深植根于国际公约及各国环保法律法规之中。

环境保护与国民健康意识的增强，是自《人类环境宣言》以来国际社会发展的显著趋势。发达国家在经济发展策略上已发生深刻转变，从单一追求经济效益向经济、社会与环境和谐共生的综合效益模式迈进。这种转变体现在对生活品质的全方位提升要求上，无论是产品卫生安全标准的提升，还是日常生活环境的优化，均成为重要考量。政府通过立法手段强化对生活用品安全性的监管，自然也将进口产品纳入同等严格的监管框架内。

与此同时,随着社会经济的持续繁荣与民众生活水平的提升,消费者对于绿色、环保、健康产品的需求日益高涨。这一消费观念的转变,直接推动了绿色产品市场的扩大,并促使众多发达国家绿色环保组织的兴起。在国际贸易谈判与政策制定中,政府部门愈发重视环境保护因素,通过制定绿色贸易规则,引导市场向更加绿色、可持续的方向发展。

世界贸易组织作为全球经济治理的重要平台,对正当的绿色贸易壁垒持积极肯定态度,体现了其对可持续发展理念的深度认同。世贸组织协定明确指出,在促进贸易与经济的同时,必须兼顾提高民众生活水平、保障就业、拓展服务等多重目标,并强调可持续发展与社会资源合理利用的重要性。这一立场为绿色贸易壁垒在全球范围内的实施提供了坚实的国际法律基础。

各国间技术水平与经济实力的差异,也是绿色贸易壁垒产生的重要原因。发达国家在高技术领域的优势,使得其在低技术产品生产中面临相对较高的成本挑战,进而倾向于通过绿色贸易壁垒等手段维护自身利益。这一现象尤其在农业等第一产业中表现尤为突出,要求各国在应对绿色贸易壁垒时,需采取差异化的策略,以实现自身发展与环境保护的双赢。

二、绿色贸易壁垒的应对措施

(一)深入理解绿色贸易壁垒,积极培育绿色经济发展理念

绿色贸易壁垒作为国际贸易领域中的独特现象,其核心在于世贸组织成员基于环境保护与公众健康的考量,对进出口商品施加的技术性、安全性及卫生性标准。这一机制要求商品必须符合特定要求,否则将面临扣留或销毁的处理,其执行依据在于严格的动植物卫生检疫措施协议。面对此壁垒,发展中国家需采取积极姿态,通过合规性调整或改革以顺应趋势,而非简单质疑。同时,应理性认识绿色贸易壁垒的多元属性,它不仅是国际贸易中的技术门槛,也是全球环境保护与人类健康保障的重要机制,即便其标准多体现发达国家意志,但其正面效应不容忽视。

(二)创新引领国际贸易,力促环保经济与产业飞跃

长期以来,我国依赖低成本劳动力优势在国际市场占据一席之地,但这

种模式多集中于产品链低端。为打破此局面，我国需主动拥抱创新，引进先进管理理念，依托国家力量，加速环保产业的崛起，以此带动高科技产业结构的优化升级。此外，建立健全出口商品的环保认证体系，强化环保、品质与成本效益的综合优势，塑造我国产品在国际市场中的绿色品牌形象，实现可持续发展。

（三）加速转型发展模式，强化环境保护法律法规体系建设

我国资源产品价值体系长期未将环境成本纳入考量，导致资源出口价格低廉，短期内虽获得经济收益，却牺牲了长期发展的潜力与生态环境。因此，迫切需要从根本上转变发展路径，将环境改善的健康效益与社会经济价值纳入综合考量，构建包含环境成本在内的社会成本核算体系。同时，加强环境保护法律法规建设，确保资源节约与环境保护并重，实现经济发展与生态保护的和谐共生。

（四）构建国家及国际先进标准规范的质量标准化体系

在推进国家质量标准化体系构建的过程中，应当致力于构建一个全面符合国家及国际先进标准规范的质量框架，这一体系需贯穿于出口产品从生产源头至终端市场的全链条，包括但不限于生产流程的优化、环保包装的采用，以及绿色运输方式的实施。鉴于当前国内环境标准相较于国际基准尚存差距，且面临绿色贸易壁垒的挑战，迫切需要在现有基础上强化标准制定与执行力度，确保出口产品不仅能够满足市场需求，还能跨越国际贸易中的绿色门槛。同时，需纠正部分企业对于质量认证与环保标准提升可能削弱竞争力的误解，通过宣传教育与政策激励，激发企业主动寻求认证、提升产品环保品质的积极性，摒弃短视的侥幸心理。

（五）增强对绿色产业的资金注入与技术扶持力度

针对绿色产业的发展壮大，鉴于我国企业在技术积累与资金储备上的相对不足，加强资金注入与技术扶持成为关键。这不仅涉及绿色产品生产技术的研发与应用，还涵盖从原材料可持续采集到最终产品环保销售的整个价值链的升级。为此，应积极推动国内外合作与交流，利用国际平台的资

源优势，吸引发达国家及国际金融组织的资金与技术援助。特别是聚焦于全球环保热点领域，如荒漠化治理、温室气体减排等技术的引进与合作，不仅能够促进国内绿色技术的快速进步，还能为绿色产业提供强有力的外部支持，助力企业克服技术瓶颈，实现绿色转型与可持续发展。通过这一策略，不仅能够加速我国绿色产业的成长步伐，还能在全球环保事业中贡献中国智慧与力量。

第三节 可持续发展下的国际贸易与生态环境分析

在人类经济体系的演进中，可持续性已成为一个核心议题，它深刻地挑战着传统经济发展模式的局限性。经济学领域的深入探索揭示，面对资源的有限性与环境承载力的约束，人类社会必须在资源分配与利用上做出智慧且长远的抉择。忽视这一现实，将不可避免地引发资源枯竭与环境恶化的连锁反应，其后果对当代社会及未来世代的福祉构成严峻挑战。

国际贸易体系的扩展历程鲜明地体现了这一困境。基于比较优势理论的国际贸易，其核心在于成本差异驱动的资源配置优化，然而，这一过程中往往忽视了环境成本这一关键维度。这种成本计算的缺失，催生了以牺牲环境为代价的短期利益最大化行为，尤其在发展中国家表现尤为突出。这些国家往往承担了国际贸易中环境成本外部化的不利后果，面临着生态环境退化、自然资源加速枯竭的双重压力，严重阻碍了其可持续发展的路径。

一、可持续发展的国际贸易理路

（一）可持续的国际贸易理论

可持续发展的核心理念强调在满足当代社会经济发展需求的同时，必须确保不对未来世代满足其需求的能力构成威胁。在此框架下，国际贸易作为推动中国乃至全球经济繁荣的关键力量，其可持续发展路径的构建尤为关键。它不仅关乎经济效率与增长，更深刻影响着社会福祉、环境保护以及全球治理体系的演变。

随着全球经济一体化与贸易自由化进程的加速，国际贸易的可持续发展日益成为驱动全球经济长期稳健发展的核心引擎。这一目标的实现，要求国际贸易体系必须深刻嵌入社会、经济与环境的综合考量之中，确保三者间形成正向反馈的循环机制。具体而言，国际贸易需向低碳、绿色、高效转型，减少对传统高能耗、高排放产业的依赖，推动新能源、节能环保技术及产品在国际贸易中的比重提升，这不仅反映了全球对清洁能源未来趋势的共识，也是国际贸易结构优化的重要方向。

同时，国际贸易的地区格局在可持续发展的推动下正经历深刻调整。技术壁垒的日益强化，促使国际贸易活动更加倾向于技术先进、创新能力强的国家，这不仅加速了技术、资本和人才向这些国家的汇聚，也加剧了国际竞争中的技术差距与利益分配不均。在此背景下，各国需积极应对，通过加强国际合作、优化贸易政策、提升自主创新能力等途径，以平衡贸易利益、促进全球贸易规则向更加公平、合理、可持续的方向演进。

(二)国际贸易可持续发展的思路

在追求经济全面"可持续发展"的宏观框架下，国际贸易作为经济增长的重要驱动力，其可持续发展路径的探索显得尤为关键。为此，需从多维度、深层次进行战略部署与实践创新。

一方面，推动生产结构的战略性调整，以摆脱传统粗放型增长模式的束缚，向集约型、高质量发展模式转型。这一过程中，中国作为全球经济的重要参与者，正积极引领从"数量扩张"向"质量提升"的深刻变革。通过优化出口产品结构，减少对高能耗、低附加值商品的依赖，转而扶持以新型资源为基础、技术密集型产品的出口，旨在减少不可再生资源的消耗，促进资源节约型和环境友好型社会的构建。同时，强调生态效益、社会效益与经济效益的和谐共生，通过平衡国内外市场需求与供给，确保国际贸易活动在促进经济发展的同时，也积极贡献于全球环境的可持续性。

另一方面，绿色营销与绿色物流的兴起，为国际贸易的可持续发展注入了新的活力。绿色营销理念要求外贸企业在制定营销策略时，将资源节约与环境保护置于核心地位，通过技术创新与管理优化，生产符合绿色标准的商品，以满足日益增长的消费者对环保产品的需求。这一过程不仅促进了生产方式的绿色转型，还通过提升资源利用效率与降低能耗，实现了成本的有效控制。在绿色物流领域，企业利用现代信息技术手段优化物流网络布局，实施节能减排措施，如采用清洁能源车辆、科学规划仓储布局等，旨在减少物流过程中的环境负担，提升物流效率与经济效益，形成绿色贸易循环。

二、可持续发展下的国际贸易与生态环境

（一）国际贸易促进经济，亦助力环保实施

国际贸易作为全球经济一体化的重要驱动力，显著促进了各国基于比较优势原理的劳动分工深化，这一过程不仅精细化了生产流程，还极大地提升了劳动生产率与资源在国际范围内的优化配置效率。通过促进专业化生产，国际贸易有效推动了总产出的增加与经济的稳健增长。此外，国际贸易的活跃促进了企业规模经济的实现，企业得以利用国际市场需求扩张其生产规模，进而降低成本，提升竞争力，为经济增长注入了新的活力。

与此同时，国际贸易成为技术传播与产业升级的关键渠道。国家通过引入先进技术并融合至本土生产体系中，不仅加速了产业结构的高级化进程，还显著提升了技术创新能力与经济增长质量。这种技术升级效应，为长期的经济增长奠定了坚实基础。

经济增长的累积效应又为环境保护提供了坚实的物质基础与资金保障。随着人均收入水平的提升，社会对环境质量的关注度日益增强，呈现出典型的“环境库兹涅茨曲线”特征，即污染水平在经济增长初期可能上升，但随后将随经济发展而下降。这一转变反映了公众对高质量生活环境的迫切需求，进而驱动了绿色消费潮流的兴起，减少了消费环节对环境的不良影响。同时，公众对环境质量的“用脚投票”机制促使资源向环境友好型区域流动，并激励政府加大环境保护力度，形成政策与市场的双重驱动。

国际贸易中的原产地规则不仅保障了消费者权益，为进口国消费者提供了透明的产品信息，还间接提升了国际贸易商品的环境标准门槛。这一机制促使企业在全球生产布局时，必须将环境因素纳入战略考量，环境成本逐渐成为企业生产成本的重要组成部分。这种转变不仅推动了国际贸易的

绿色转型,也为全球环境治理合作提供了新的契机与动力。

(二)可持续生态环境建设促进国际贸易健康发展

国际贸易的繁荣与生态环境的可持续性之间存在着密不可分的依存关系。可持续的生态环境不仅是国际贸易活动的基石,它通过提供高质量的生产环境,确保了产品能够符合全球市场对绿色、环保的日益增长需求,从而增强了国际贸易的竞争力。在此过程中,环境资源的直接参与及其通过人类劳动转化为适应贸易需求的形态,对于发展中国家而言尤为重要,它们构成了这些国家参与国际贸易的重要资本与比较优势。

然而,国际贸易的深化亦可能对环境产生双重影响,既可能带来生态环境的改善机遇,也可能因"自利性"行为而加剧环境退化。鉴于国际贸易与生态环境之间的复杂互动,强调二者间的协调发展显得尤为迫切。这要求各国超越国界,加强合作,共同认识到地球生态系统的唯一性与脆弱性,将生态环境的可持续发展视为全人类及后代的共同责任与战略任务。

面对当前贸易保护主义抬头的挑战,可持续发展的生态环境议题更显紧迫。不同国家间环境治理理论与实践的差异,加之各国在制定贸易政策时往往优先考虑本国利益,使得全球范围内的环境合作面临诸多障碍。在此背景下,发展中国家作为生态环境压力较大的群体,更应积极制定并实施旨在保护本国生态环境的贸易标准与政策,力求在促进对外贸易增长的同时,实现生态环境的良性循环。这不仅是对当前挑战的积极回应,也是对未来可持续发展的深远布局。通过这样的努力,各国能够逐步构建起基于共同利益与责任的国际贸易与生态环境协调发展的新格局。

第七章 国际贸易的发展新趋势

第一节 国际贸易中的数字贸易及发展

一、数字贸易的分类

(一)以数字化交付的产品

数字化交付的产品主要是指传统内容商品的在线版本,如音乐、游戏、电影、电视、广播和书籍等。这些产品可以通过互联网实现线上销售,也可以选择物理介质进行线下销售。然而,只有在互联网上完成交易的部分才被归入数字贸易范畴。尽管数字化产品的线上交易越来越普遍,但其在销售绩效和市场占有率上与传统内容市场相比仍存在较大差异。这表明,数字化交付产品在数字贸易中的应用尚未完全取代传统市场,二者仍有显著区别和互补空间。

1.在线音乐

在线音乐作为数字化交付产品的代表性产业,已成为数字贸易中交易额最大的领域之一。与传统线下音乐相比,在线音乐的特点在于它更容易受到互联网技术的冲击和影响。尽管如此,在线音乐凭借其便捷性与广泛的用户群,逐渐确立了在数字化产业中的重要地位,并在全球范围内展现出强劲的增长势头。

我国在线音乐产业发展过程经历了两个明显的阶段:第一个阶段始于20世纪90年代至2003年,这一时期在线音乐刚刚兴起,用户可以通过互联网免费下载并使用音乐文件。然而,由于缺乏完善的知识产权保护,在线音乐产业的收入增长缓慢。第二个阶段从2005年开始,随着下载音乐文件需付费政策的推出,在线音乐产业迎来了新的发展机遇。中国的知识产权保护意识逐渐增强，一方面通过技术手段提升了在线盗版的技术壁垒，另一方面在法律上也对非法下载行为进行严格限制。《中华人民共和国知识产权法》的确立，使得以数字化呈现的音乐产品在传输和共享上受到更多的规范和保护，这一举措有效遏制了非法文件共享行为，促进了在线音乐市场的有序发展。

互联网技术的广泛应用，不仅推动了在线音乐服务的形成，也为这一领域带来了多样化的盈利模式。以Apple的iTunes为例，该平台采用有偿下载服务的方式，开启了在线音乐合法下载的新篇章。在线音乐的收入来源主要包括两大部分：下载收入和流媒体服务收入。在此过程中，下载音乐文件曾长期占据在线音乐收入的主要部分，约占总收入的四分之三。然而，随着技术的进一步发展和用户习惯的转变，音乐流媒体服务逐渐崛起，成为在线音乐的重要收入来源之一。

所谓音乐流媒体服务，指的是通过互联网以付费订阅、非互动服务以及非订阅服务等方式为用户提供音乐播放的服务模式。付费订阅服务如Spotify，用户需支付订阅费用以享受高质量、无广告的音乐体验；非互动服务如PandoraOne，则是基于用户偏好推荐的音乐播放方式；而非订阅服务如YouTube，则通过广告收入为平台提供资金支持。值得注意的是，音乐流媒体服务正在逐步取代下载服务，成为在线音乐的主要收入来源。尽管音乐流媒体市场最初由一些初创型互联网公司主导，但近年来，许多大型科技公司也加入了这一竞争行列。例如，苹果和亚马逊等公司正在积极开发自己的流媒体服务，并通过其庞大的用户基础和技术优势迅速占领市场。此外，传统广播电台也开始逐步向数字化转型，通过提供在线广播和数据网上传输功能，开辟了新的收入来源①。

2.电子游戏

电子游戏作为数字贸易的重要组成部分，其发展伴随互联网技术和移动终端的进步得到了极大推进。传统的电子游戏体验方式主要分为两类：一是用户通过互联网下载免费或付费的在线游戏；二是用户通过购买实体

①张先锋.数字贸易[M].合肥：合肥工业大学出版社，2021：13-14.

软件安装游戏。随着数字化交付方式的引入,用户不仅可以在线体验网页版游戏,如社交网络游戏,还能够在移动设备上运行游戏,从而大幅提升了游戏的便捷性与互动性。尤其是,借助于局域网和互联网的在线互动功能,用户得以与其他玩家进行对战,而这种对战功能正是电子游戏吸引玩家的核心体验。

近年来,电子游戏产业快速增长。移动终端下载和订阅游戏,尤其是独立下载内容(DLC),已成为主要的游戏体验方式。休闲类游戏最受欢迎,其次是角色扮演、即时战略和体育类游戏,迷宫类游戏受欢迎程度较低。互联网普及和游戏多样性增加了消费者选择,用户可通过多种渠道下载游戏,扩展了移动应用商店与运营商服务。在休闲游戏领域,其简单易上手的操作、广泛的用户群体以及免费与微盈利的商业模式成为其显著特点。休闲游戏通常通过出售额外功能或广告获取收入,尽管许多此类游戏由大型跨国软件出版商发布,部分小型初创企业也参与其中。角色扮演游戏因其强烈的代入感和互动性深受用户喜爱,这类游戏通常占用较小内存,便于下载和安装,进一步扩大了其用户基础。此外,独立开发团队通过自有服务器运营游戏,能够实现更高的利润,这种运营模式在全球范围内也愈加普遍。

3.数字化视频

视频的数字化发展推动了其表现形式和传播介质的多样化。数字化视频涵盖了广播电视、有线电视和电影院等多种形式,使得观众的选择更加丰富。就观看方式而言,消费者既可以通过广播电视观看电影,也可以利用DVR技术的DVD进行录制,以供日后点播使用。由于视频内容、播放和传播介质之间的密不可分性,消费者在享受视频内容时,通常需要通过付费使用相关服务。视频制作方和播放平台可以通过收费服务或广告收入来弥补运营成本,目的都是提升视频的收看率。随着互联网技术的普及,视频消费形式也随之发生了转变。短视频作为一种互联网特有的现象,正在逐渐改变传统的视频观看方式,与长版视频形成了明显的对比。基于互联网交付的新模式正在改变家庭娱乐的消费习惯。

4.电子图书

电子图书作为数字贸易的一部分,在图书出版行业中逐渐占据重要地位。虽然印刷版纸质书籍仍然是图书市场的主流,但随着数字化交付模式的普及,电子书的市场份额显著增加。这一现象反映了图书出版行业逐渐适应数字化转型的趋势。电子书相较于平装书在发布时更具优势,能够以精装版的形式面向市场,且其便捷的数字化获取方式使得用户体验得以提升。出版商越来越多地涉足电子书出版,部分大型出版商的电子书收入已占其总收入的显著比例,反映出电子书市场的快速增长。与此同时,电子书市场的高度集中也引发了行业垄断的问题,主要分销渠道被少数几家大型企业所控制。这一垄断局面不仅影响了市场竞争,还推动了电子书设备的销售,尤其是与平板设备的捆绑销售模式,使相关硬件产品的销量增长,形成了纸质书与数字化图书市场间的对比。

(二)社交媒体

社交媒体作为数字化交付的重要组成部分,包括社交网站和用户评论网站,已与数字化内容的融合越来越紧密。社交媒体不仅作为个人互动的平台,还逐渐成为用户发现和共享视频、音乐及在线游戏的场所。例如,许多游戏和在线报纸都集成了社交功能,允许用户实时交流、分享内容,并与社交网站的讨论互动融合。这样,社交媒体与数字化产品的边界日益模糊,二者的相互渗透进一步推动了数字贸易的发展。

社交网站不仅是人们日常生活的一部分,更逐渐演变为商业活动的支持工具。用户可以通过社交网站共享信息、发布内容以及与他人互动,增强了互联网的社交性与共享性。与此同时,社交网站通过广告收入和品牌推广服务获得收益,特别是通过广告投放和品牌关注等形式,进一步促进了商业与用户之间的互动。此外,社交网站还能通过开发特定应用向专业群体提供服务,这也为其创造了额外的收入来源。

搜索引擎作为互联网的重要工具,扮演着连接用户与内容的角色,通过广告租赁模式实现盈利。用户借助搜索引擎可以快速找到所需的数字化内容,尤其是专业搜索引擎的兴起,使得用户能够更加精准地获取特定主题的信息。随着移动设备的发展,用户对搜索的需求也在逐渐转向移动平台,进一步改变了搜索引擎的使用模式。

二、数字贸易的特征

(一)内在属性

1.交易过程的虚拟化

(1)交易介质的非实物性。传统的国际贸易依赖于物理产品及其物流,而数字贸易的商品和服务大多以数字形式存在。数字产品,如软件、音乐、电子书等,都通过虚拟平台进行传输,减少了纸质文件和实物产品的使用,这使得交易介质从物质载体向数字载体的转变成为可能。

(2)交易平台的虚拟化。相对于传统贸易的面对面交易,数字贸易是在网络平台上进行的。通过互联网,企业与消费者可以在全球范围内开展交易,在线平台不仅简化了贸易流程,还提供了便捷、安全的交易环境。这种平台的虚拟化大大降低了交易成本,并且通过自动化的方式实现了交易的即时性和跨越时区的可能性。

(3)交易方式的非实物化。传统贸易中,现金支付或银行转账是主要的支付方式,而在数字贸易中,电子支付、虚拟货币、区块链技术等新型支付方式得到了广泛应用。电子支付不仅提升了支付的安全性与效率,还大大减少了交易的时间和成本,使得交易流程更加顺畅和自动化。

2.交易资源的集中化

(1)交易资源的组织化。交易资源的组织化体现在数字贸易平台有效地集聚了多方资源,降低了信息搜索成本。在传统贸易中,企业与消费者之间的信息往往存在不对称现象,导致交易成本高昂。而通过数字贸易平台,生产者和消费者能够更便捷地获得彼此的信息,促进了资源的高效配置与整合。这种集中化的资源组织方式,极大地提升了交易效率。

(2)交易资源的集约化。数字贸易通过资源的集约化实现了要素的节约。数字化平台的便利性,使得各类生产要素得以更好地整合与利用,从而推动了技术进步和资源的有效分配。在这一过程中,平台模式不仅缩短了企业与市场之间的距离,还提升了创新能力,使得更多的外部资源得以吸收、整合,推动了整体经济效益的提高。

3.交易个体的广泛化

(1)市场准入门槛的降低。传统贸易受到地域、物流等因素的限制,而数字贸易的出现打破了这些限制,使得更多的中小企业以及个人能够参与到全球市场中。这不仅使得贸易的参与者更加多元化,也为那些处于弱势地位的群体提供了参与贸易的机会。

(2)市场的标准化程度的降低。传统贸易中,标准化产品在市场上占据主导地位,但在数字贸易中,个性化、定制化的需求得到更大的满足。消费者与生产者之间的距离被拉近,企业能够根据消费者的具体需求进行产品定制,从而增强了产品的竞争力。这种个性化的贸易模式,使得长尾产品在市场中崭露头角,成为数字贸易的重要组成部分。

4.交易参与者的体系化

在传统贸易中,交易的主要参与者是生产者与消费者,二者通过契约关系完成交易。然而,数字贸易引入了平台和中介方,使得交易体系更加复杂。数字平台不仅作为交易的中介方,还承担了确保交易安全、促成交易顺利完成的责任。在这一背景下,生产者、消费者以及平台之间形成了一个紧密的合作网络,彼此之间的联系更加制度化和体系化。这一体系化特征使得数字贸易的参与者能够实现互利共赢。平台不仅提供了交易渠道,还整合了产品链、资金链等相关要素,构建了一个完整的电子商务生态系统。在这个系统中,各方通过平台共享资源、信息与服务,从而提高了整个贸易体系的运作效率,推动了全球贸易的发展。

(二)外部属性

1.交易技术的前瞻化

随着大数据、云计算和移动互联网等先进技术的应用,数字贸易的覆盖范围不断扩大,交易成本显著降低。这种技术进步不仅促成了数字贸易的形成，也在根本上改变了传统贸易的交易模式。传统贸易中的面对面采购模式逐渐被在线企业采购所取代，而生产过程中的手工操作也通过智能制造实现了自动化。交易技术的不断演进，大幅提高了生产与交易的效率，推动了全球贸易的无缝化与智能化。

交易技术的前瞻化，不仅体现在贸易操作过程的优化上，还体现在数据保存与分析的能力上。通过交易数据的积累，企业能够对过往的交易行为进行深度分析，从而在未来的交易决策中减少道德风险与逆向选择。这种数据的有效运用，使得企业能够更加精准地把握市场需求，优化供应链和生产流程，提高市场竞争力。此外，数据基础设施的完善也为数字贸易提供了稳定的技术支持。随着电子捕获、数据传输等技术的发展，消费者和企业可以更加便捷地获取并分析产品数据，从而做出更加理性的消费与经营决策。这种技术的进步，使得数字贸易的未来充满了广阔的发展空间。

2.交易运用的普适化

数字贸易已经超越了单纯的商品交换，逐渐成为推动各行业智能化发展的重要驱动力。在制造行业，智能化转型是数字贸易带来的显著变革之一。无论是资本密集型行业如汽车制造业，还是劳动密集型行业如纺织业，数字贸易都在促使这些行业通过智能化手段提高生产效率。通过数字技术的支持，制造行业得以实现从生产、研发到销售全方位的智能化，进而推动整个社会生产体系的升级。这种智能化不仅体现在生产流程的自动化与优化上，还体现在研发设计中的外部智力支持，以及产品销售渠道的多样化上。

数字贸易还进一步拓展了供应链的应用范围。传统的供应链往往是由一系列孤立的步骤组成，涉及市场营销、产品开发、制造和分销等环节。然而，数字技术打通了这些孤立的环节，将供应链转化为一个完整的生态系统，使得所有参与者，包括供应商、物流商以及最终客户，都能从中受益。这种供应链的数字化转型依赖于多种关键技术，如综合规划与执行系统、物流可视化、智能采购与仓储管理等。这些技术的应用使企业能够更好地应对供应链的中断，并在必要时进行实时调整，从而提高整个供应链的灵活性与应变能力。

通过数字技术的引入,企业能够对供应链进行全方位的建模,并进行多场景的假设分析,以便在市场环境变化时迅速做出反应。这种高度集成的供应链管理模式,不仅提升了企业的运营效率,还推动了整个行业的协同发展与进步。

三、数字贸易的发展

(一)数字贸易发展的机遇

1.数字经济发展进一步发掘市场潜力

数字经济的发展在全球范围内产生了深远影响,通过促进基础设施、商业、政府、民生和产业的数字化,进一步发掘了市场潜力。随着数字技术的不断进步,传统的贸易方式正在发生变革,这种变革不仅体现在供给侧和需求侧的变化,还推动了服务业与制造业的深度融合,带来了贸易模式的转型升级。

在供给侧,数字技术革新了传统的商业模式,降低了信息收集和处理的成本,并通过去平台化、去中介化等手段简化了交易流程,显著提高了供给效率。在数字经济的推动下,企业能够更加精准地了解市场需求,从而优化其产品和服务供给。这种供给模式的变化不仅提高了市场响应速度,也使得全球贸易市场的运作更加高效和灵活。同时,数字服务、数字化知识和数字贸易产品的供给方式发生了深刻变革,企业能够借助数字平台直接面向消费者提供产品与服务,大幅缩短了中间环节。这种供给模式的转变也推动了传统行业的数字化转型,使得全球贸易的市场潜力进一步释放。

在需求侧,数字经济的蓬勃发展深刻影响了现代人的生活方式,数字产品与服务逐渐成为人们日常生活的重要组成部分。这种趋势推动了市场需求的快速增长,尤其是视频、游戏、数字音乐和搜索引擎等数字产品的需求不断扩大。消费者对数字产品的依赖性和黏性日益增强,这为贸易市场提供了新的增长点。同时,跨境电子商务的快速兴起也加速了全球市场需求的扩展。数字经济的发展使得跨境电子商务能够更精准地掌握各国的消费需求，帮助企业及时调整生产和供给策略，满足全球消费者的需求。这种跨境电商的广泛渗透不仅促进了国际贸易的进一步发展，也推动了全球经济的互联互通。

此外，数字经济的发展使得服务业和制造业的融合成为主导趋势。随着数字技术在服务业中的应用不断深化，服务贸易的数据为制造业提供了丰富的市场信息，帮助企业更好地洞察市场需求。这种数据驱动的生产模式不仅提高了制造业的生产效率，还推动了供给侧结构性改革，为制造业的转型升级提供了新动力。在这一过程中，数字经济通过整合服务业与制造业的资源，形成了一个相互促进、共同发展的生态系统，从而为贸易的发展注入了新的活力。

2.数字技术发展不断提高贸易效率

作为数字贸易的技术基础，数字技术不仅推动了贸易模式的转型，还通过优化流程、减少环节，降低了传统国际贸易中的成本。移动互联网的进步使电子商务平台得以进一步普及，推动了全球范围内贸易的普惠化。物联网的广泛应用增强了企业之间的信息互通，优化了供应链管理效率。而大数据、云计算与人工智能技术的应用则为贸易各方提供了精准的市场需求分析和决策支持，帮助消费者和生产者做出更高效的选择。

随着数字技术在全球贸易中的广泛运用，传统贸易中部门之间的壁垒被逐渐打破，贸易成本显著下降。数字技术带来的这种转型不仅将重塑全球价值链，还可能改变各经济体之间的比较优势格局。例如，人工智能和3D打印等新兴技术的发展，将使部分经济体在劳动成本方面的传统优势发生变化，从而促使产业结构调整和贸易模式的升级。全球化背景下，数字技术的发展为各国创造了新的贸易机会，并为国际竞争带来了新的维度。在此背景下，中国的数字技术水平已处于世界前列。政府的大力支持、企业的创新实践以及科研机构的技术研发，共同推动了中国在全球数字贸易领域的崛起。未来，随着数字技术的不断深化和创新，中国不仅能在全球贸易中占据更加有利的位置，也为全球数字经济的发展提供了巨大的潜力与机遇。这一技术变革无疑将为中国的经济增长和国际贸易带来更多的机遇与挑战。

3.数字贸易法律法规完善提供政策保障

为了推动数字经济技术的进步,中国政府出台了一系列政策和战略规划,积极营造有利于数字贸易发展的制度环境。通过这些政策的实施,数字贸易得以在更加规范化、透明化的环境中蓬勃发展,为国际贸易的创新与增长提供了坚实的政策保障。

(1)完善数字贸易相关的法律法规是保障其健康发展的关键。中国政府意识到,在全球数字经济迅速发展的背景下,法律法规的滞后将可能成为数字贸易发展的主要障碍。因此,政府逐步制定和修订了关于数字贸易的相关法律法规,包括信息安全、电子商务、知识产权等领域的法律框架。这些法规的出台不仅为数字贸易提供了法律依据,也规范了线上交易行为,降低了交易中的不确定性与风险,保护了各方利益。这种制度的完善使得数字贸易的各项活动有章可循,为数字经济在全球范围内的竞争中提供了保障。

(2)数字贸易的顺利发展离不开现代技术的支持。为促进技术与贸易的深度融合,中国政府大力支持大数据、云计算和人工智能等新兴技术的发展。这不仅推动了数字科技企业的成长,还为数字贸易的高质量发展提供了强大的技术支撑。政府通过一系列优惠政策、技术研发补贴等手段,鼓励企业创新,支持其在全球市场中增强竞争力。同时,数字科技的进步也使得贸易过程中的信息收集、处理和传输更加高效、安全,从而提升了国际贸易的整体效率和质量。

(3)跨境电子商务的快速崛起为国际贸易提供了新的增长点。为支持跨境电子商务的发展,中国政府不断扩大试点范围,积极推动在技术标准、业务流程、监管模式等方面的探索和创新。通过这些试点项目,政府积累了丰富的经验,为未来在更大范围内推广数字贸易提供了宝贵的参考。这些实践不仅有助于打破数字贸易中的壁垒,也为全球范围内的贸易活动带来了更多机遇。

4.经济全球化发展进一步开拓贸易市场空间

经济全球化的推进不仅促进了贸易自由化,还推动了市场经济体系的有序发展,加快了贸易资源的流动速度,为数字贸易的扩展创造了更加广阔的市场环境。

经济全球化的深化使得人才、资本、技术等生产要素得以在全球范围内自由流动，为数字贸易的发展奠定了坚实的基础。在这一背景下，数字贸易的成功发展依赖于政府、企业与专家之间的密切合作，以充分发挥各方在不同领域的比较优势。经济全球化为这种合作提供了有利的前提条件，使各参与方能够在数字经济的多维度领域（如发展、影响、风险、协作与监管）进行前瞻性的研究与合作，从而推动全球数字经济的健康、可持续发展。

全球化进程中的技术创新、数据资源共享和市场开放，是加速数字经济发展的关键因素。通过技术创新的协同，相关国家能够提升其在数字经济领域的竞争力，并推动整体市场的活跃度。同时，数据资源的共享不仅能够提升贸易的透明度，还能增强市场的有效性和公平性。市场开放则为企业提供了更多的商业机会，使其能够在全球范围内寻求新的市场和发展空间。

在数字技术的支持下，经济全球化已经突破了传统商业流程的局限，使得企业能够超越行业、规模和类型的限制，通过数字贸易平台直接触达消费者。此种平台化和普惠化的特点，使得数字贸易相比于传统全球贸易具有显著的优势。数字贸易不仅能够满足个性化、时尚化和多样化的消费需求，还能够适应不断增长的市场需求，为全球市场带来更多的活力。

5.产业基础坚实推动贸易优势扩大

在全球数字经济和国际贸易背景下，中国拥有坚实的产业基础，为数字贸易的持续发展和优势扩展提供了强有力的支撑。中国的传统产业基础为数字贸易的发展奠定了稳固的基础，而与数字贸易紧密相关的产业技术和优势不断增强。这些优势包括跨境电子商务的规模、数字内容贸易的迅速发展，以及与数字贸易相关的新兴业态的蓬勃增长。

（1）中国的传统产业基础较为扎实，这为数字经济的发展创造了有利条件。随着数字经济的不断推进，传统产业正在经历显著的升级。数字技术的应用不仅提升了生产效率，还推动了产业链的优化和延伸。尤其是在跨境电子商务领域，中国已经稳居全球领先地位，其出口覆盖了大部分国家和地区，显示了强大的市场渗透能力和广泛的国际影响力。

(2)数字经济的发展推动了数字内容贸易的迅速增长。中国在数字音乐、网络文学等领域取得了显著成就,展现了强劲的创新活力和市场竞争力。同时,移动支付和共享经济等新业态和新模式的兴起,为数字贸易的发展注入了新的活力。这些新兴领域的快速发展,不仅提升了中国在全球数字经济中的地位,也为全球用户提供了丰富的数字服务和体验。

(3)中国在大数据、人工智能、金融科技等数字企业领域的投资和研发已处于全球领先地位。政府和市场共同推动下,中国数字贸易的发展速度显著加快,交易规模不断扩大,市场结构持续优化,行业发展质量不断提升。数字领域的投入也在不断增加,这为中国在全球数字贸易市场中的竞争力提升提供了坚实的保障。

(4)电子商务的外部环境日益完善,线上交易的规范化程度不断提高,各类电商企业的活力得到了有效释放。电子商务生态系统的建设逐渐形成了规模效应和协同效应,这不仅促进了产业的健康发展,也提升了市场的整体效率。中国的数字贸易产业正朝着更加注重效率、质量与创新的方向迈进,进一步推动了国家在全球数字经济中的综合竞争力。

(二)我国数字贸易发展的措施

1.构建互利多赢的数字贸易规则体系

数字贸易的兴起使得传统的贸易规则逐渐显得滞后,全球范围内的数字贸易保护主义也在不断加剧。面对这一挑战,我国应采取多方面的措施,以推动数字贸易规则体系的完善,并为全球数字经济的健康发展提供有力支持。

(1)我国应加强对数字贸易规则的前景及发展趋势的研究。这包括对数字贸易统计、新型规则的影响、知识产权保护、数字贸易壁垒以及争端解决机制等问题的深入探讨。这些研究将帮助中国更好地理解数字贸易的复杂性,并为应对潜在的数字贸易摩擦提供科学依据。通过系统化的研究,中国可以在制定和调整国内数字贸易政策时,更加精准地应对国际上的各种挑战和机遇。

(2)我国应积极参与国际谈判,推动形成包容普惠、互利多赢的国际规则体系。在国际规则的构建过程中,中国应明确其对数字贸易规则的立场和主张,并在双边、多边、区域层面上加强对话与交流。特别是在保护数据安全、维护合理公共政策目标与促进数字贸易发展之间寻求平衡,以建立一个面向未来的全球数字贸易规则体系。中国应对接并适应不同国家和地区的数字贸易规则,例如"美式"和"欧式"数字贸易规则,从而提升数字贸易的开放水平和国际竞争力。

(3)我国应加快确立数字贸易规则对外谈判的战略,围绕数据本地化要求、数据跨境流动、网络内容审查、市场准入限制、知识产权保护、隐私保护等关键议题进行全面研究。通过这些研究,我国不仅可以改进和完善现有的方案,还能够在国际规则的制定过程中发挥积极作用,推动形成对中国有利的国际规则环境。

2.构建公平统一的数字贸易法律法规体系

在数字贸易迅速发展的背景下,传统贸易法律法规的适用性和约束力显得不足,迫切需要为数字贸易的发展构建一个公平、统一的法律法规体系,以提供稳定的制度环境。当前,我国在数据隐私保护、知识产权保护、互联网融合领域相关立法、线上消费者保护等方面的法规尚存在缺失,并且在贸易政策、税收制度以及数字贸易监管上也存在一定不足。这些法律法规的空白和不足,亟须通过系统性和前瞻性的立法工作加以弥补。

为此,我国政府需要加快建立完善的法律体系,涵盖个人数据保护法、数字贸易税收法以及知识产权保护法等重要领域。特别是在数字贸易环境下,必须妥善处理开放与安全之间的关系,将涉及国家安全和公共利益的重要数据纳入基础设施保护的范畴。建立健全的跨境数据流动管理机制,设立专门的数据保护监管机构,负责对涉及网络数据收集和存储的企业进行审查与管理,是保障数字贸易安全和稳定的重要举措。同时,必须建立专门的审核机制,以确保数据保护措施的有效实施。

在数字贸易的背景下,我国政府需要制定和完善国内监管框架,实现合法的公共政策目标。借鉴国际上数字贸易治理的先进经验,避免贸易扭曲,提高政策制定的前瞻性、适应性和有效性,是推动数字贸易健康发展的关键。这一过程中,必须考虑到全球数字经济的快速发展趋势以及不同国家在数字贸易管理方面的实践,确保国内政策能够与国际标准接轨,同时保护国家利益和市场公平。

3.构建与数字贸易协同发展的产业集群

在全球数字经济的背景下,数字技术的飞速发展对传统产业模式和产业结构产生了深远的影响。中国需要充分把握当前产业整合、融合与协同的发展趋势,以促进数字贸易产业的全面发展。这一过程不仅是对传统产业的挑战,更是推动产业升级和发展新兴产业集群的重要机遇。

工业互联网的兴起为提升数字化治理水平、推动传统产业的数字化升级以及布局世界级数字产业集群提供了新的契机。工业互联网通过实现数据的全面互联互通,不仅增强了对传统产业的数字化管理能力,还促进了产业内和产业间的紧密连接、整合与协同。以电子商务为代表的互联网经济,驱动了产业的创新发展,形成了新一轮的社会化专业分工,推动了产业链条的重构与优化。

我国应当充分认识到这一变革带来的机遇,积极推动5G、人工智能、大数据等核心技术的发展,利用电商平台、大数据核心技术和区域制造网络等既有优势,推动数字技术与实体经济的深度融合。在此过程中,数字贸易产业与相关产业的协同发展尤为关键。通过智能骨干网的全链接闭环,将新零售、新制造等模式与数字技术紧密结合,从而带动传统产业的转型升级,实现产业链条的整体优化。

同时,国家需要积极推动与数字贸易产业密切相关的领域的快速发展,包括数字内容行业、制造业、数字通信行业以及服务业等。优化重点产业布局,推动这些产业的深度融合,构建与数字贸易产业协同发展的广泛产业集群,是实现数字贸易产业集约化发展的关键举措。通过这些措施,可以有效提升产业的集聚效应与协同效应,从而促进产业链条的整体提升与优化。

4.构建与数字贸易同步发展的人才体系

当前,中国数字经济基础产业的创新能力不足,数字产业高端人才缺乏,人才引进制度尚不完善且存在较大的人才流出量,同时人才培养体系也存在不足。这些因素制约了数字贸易的进一步发展。因此，我国政府应采取综合措施，着力构建与数字贸易同步发展的现代化人才体系。

(1)政府应加强数字化人才培养的顶层设计，利用国家自然科学及社会科学基金等资源支持数字内容产业领域的重大课题研究。通过依托科研机构、高校及大型数字内容企业，系统性地开展数字贸易理论和实践研究，为人才培养提供科学依据和实践指导。

(2)创新人才培养体系是关键。应构建多层次的数字化人才培养模式，推动高等教育与职业教育的融合发展。依托高校建设全国性数字技术人才培训中心，专门培养高端技术人才和管理人才，以满足数字贸易对高层次人才的需求。此外，投资建设数字技术培训的在线数据库网站，能够有效疏通获取数字技术的渠道，提高技术培训的可及性和实效性。

(3)在国际人才引进方面，政府应放宽"绿卡"限制，吸引国外优秀数字技术人才来华工作。这需要在创业资金扶持、个人所得税奖补、人才安居保障、子女教育等公共服务方面提供全方位支持，以吸引和留住国际顶尖人才。

(4)鼓励企业积极开展数字人才培养计划，建立内部数字人才培训中心，提升员工的数字技能水平。这不仅有助于企业自身的发展，也能增强整个行业的人才储备，推动数字贸易的创新和发展。

5.加快数字贸易基础设施建设

完善的数字基础设施是推动数字贸易持续发展的基石。我国的信息基础设施建设相对滞后，亟需加大对关键数字网络信息基础设施的投入，以提升宽带网络的速度和普及率，降低网络使用成本。这些因素直接影响着数字贸易的广度和深度。为此，必须将资金和政策重点倾斜于5G技术的研发与应用、5G基础设施的建设及6G技术的前瞻性研究，以维持并扩大在信息技术领域的领先优势，这对未来数字贸易的发展具有至关重要的作用。

我国应降低数字信息基础设施行业的市场准入门槛，推动新技术的研发，缩小与发达国家在基础设施建设方面的差距。同时，需不断优化跨境信息基础设施的条件和技术标准，特别是在数字证书、电子签名和电子认证等方面，促进其互认，营造良好的数字贸易环境。这包括加强国际信息交流与合作，确保数字证书和电子签名的国际互认，以支持数字贸易的顺畅发展。

在数字物流基础设施方面，我国应充分利用跨境电子商务带来的物流优势，加快整合现有资源，优化设施的综合利用，必须加强对新建设施的宏观规划和功能整合，推动物流基础设施的合理空间布局与功能完善。提高各种运输服务方式对物流基础设施的支持能力，增强物流基础设施的经营与网络化服务能力，同时提升信息化水平，是实现高效物流服务的关键。

第二节 基于跨境电商的国际贸易发展

一、跨境电商的种类划分

跨境电商是指分属不同关境的交易主体，通过电子商务平台达成交易、进行支付和结算，并通过跨境物流及异地仓储送达商品、完成交易的一种国际商业活动。

跨境电商因为在运营上、模式上、税收上、交易环节等与传统电子商务和一般对外贸易不同，所以在种类的划分上也有很多不同的地方。一般较为常见的划分方式是从进出口方向上将其分为出口跨境电商和进口跨境电商。此外，还可以从经营方式、面向对象等方面进行种类的划分。

（一）根据进出口方向进行划分

根据进出境货物流向，跨境电商可分为进口跨境电商和出口跨境电商。

第一，跨境电商出口模式。跨境电商的出口模式包括多种形式：外贸企业间的电子商务交易（B2B）、外贸企业对个人的零售电子商务（B2C）以及外贸个人对个人的网络零售业务（C2C）。其中，以外贸B2B和B2C模式为主，B2B模式侧重于企业之间的大宗交易，而B2C模式则关注企业对个人消费者的零售业务。

第二，跨境电商进口模式。跨境电商的进口模式主要体现在传统的海淘模式中。这种模式通常属于B2C范畴，即国内消费者通过国外的B2C网站购买商品，再通过直邮或转运的方式将商品送至国内。除了传统的海淘模式，进口零售类电商平台还包括多种业务形态，如海外代购模式、直发平台模式、自营B2C模式、导购返利模式和海外商品闪购模式等，这些模式各具特点，满足了不同的消费者需求。

（二）根据运营方式进行划分

第一，第三方平台型。通过在线搭建商城平台，整合物流、支付和运营等服务资源，吸引商家入驻，并为其提供跨境电商交易服务。在这种模式下，平台主要通过收取商家佣金及增值服务佣金来实现盈利。第三方平台的优势在于其能够集中管理资源，提供全面的电商服务，降低商家的运营成本。

第二，自建自营型。通过在线搭建平台，整合供应商资源，以较低的进价采购商品，并以较高的售价出售商品，从而以商品差价作为主要盈利模式。此外，平台还收取佣金。自建自营型平台通常提供“一站式”电商运营方案，涵盖了采购和配送等环节。此模式的特点在于平台方直接控制商品供应链，能够对产品质量和服务进行更精细的管理。

（三）根据产业终端进行划分

第一，面向企业端（B2B）。B2B平台的最终用户是企业或集团客户，旨在通过互联网为企业提供产品、服务以及信息交换的平台。B2B平台跨境电商在整体市场中占据主导地位，其市场交易规模超过了90%，体现了其在跨境电商领域的主导地位。

第二，面向个人端（B2C）。B2C平台专注于将产品和服务直接销售给个人消费者。B2C模式通过零售形式向消费者提供商品，商家在平台上发布产品信息和价格，个人消费者筛选商品后进行交易和支付，最终通过跨境物流完成交易过程。

第三，面向企业和个人（B2B+B2C）。“B2B+B2C”平台同时服务于企业和个人，提供的产品和服务涵盖了大宗交易及小额交易，满足不同客户的多样化需求。这种双重服务模式使得平台能够灵活应对市场上的不同交易需求。

二、跨境电商的主要特点

（一）交易主体属于不同的关境

跨境电子商务涉及的交易主体分属不同的关境。关境，即海关关境，指的是执行统一海关法令的领土范围，通常与国境范围一致，包括领陆、领水和领空。然而，某些国家和地区的关境范围可能与国境不同。在多个国家结成关税同盟时，形成了共同的关境。此时，各成员国的独立关境将合并为一个统一的关税同盟关境，实际操作中，各成员国的关境范围大于其单独的国境。此外，一些国家设有保税区、保税仓库、自由港和自由区等特殊区域。这些区域不包括在该国的正式关境内，而被视为“关境以外的本国领土”，使得这些国家的实际关境小于国境。由于交易主体分属不同关境，在跨境电商交易中必须考虑两国或地区的海关政策。这与国内电子商务有所不同，跨境交易需要经过复杂的通关流程，这对交易的管理和合规性提出了更高的要求。

（二）支付结算费用较高

国内电子商务支付体系经过多年发展，已实现了支付方式的多样化，并在支付安全和支付信用方面达到了成熟水平。网银支付、支付宝和微信支付等第三方支付工具不仅操作便捷，费用也较低，回款周期短。然而，跨境电商则主要依赖如PayPal等国际支付工具，手续费通常高达交易金额的3%至5%。此外，跨境支付还存在汇率风险，回款周期可能长达1至6个月，这对跨境电商卖家构成了较大的资金压力。

此外，跨境电商的税费和物流成本普遍高于国内电子商务。国际快递行业在计费时不仅依据实际重量，还考虑体积重量。当货物体积较大而实际重量较轻时，运费计算会依据体积重量进行。具体而言，计费重量通常取实际重量和体积重量中的较高值。对于重量较小但体积较大的物品，运费按照体积重量进行计算。体积重量的计算公式为：规则物品的体积（长×宽×高）÷5000；不规则物品则取最长、最宽、最高尺寸的乘积除以5000。运费的计算还包括首重运费和续重运费，并且国际快递通常会附加燃油附加费，这使得整体运输成本进一步增加。

（三）跨境物流时效性较低

跨境物流的时效性相较于国内电商物流通常较低，主要由于跨境电商商品进口涉及多个复杂阶段。

第一,发货地所在国家(地区)的物流体系往往不如中国国内完善,且物流成本较高。例如,许多国家的物流系统不具备高效的配送能力,且常因节假日等因素造成延迟,这使得跨境电商的物流时效普遍较长。

第二,在航空或航海运输阶段,物流信息的准确性和实时性受限,等待时间的不确定性增加了整体运输周期。

第三,通关阶段是跨境物流的关键环节,通常需要一至两天,但若遇到特殊情况或通关问题,则可能需要更长时间。

第四,国内转运阶段虽与国内电商物流体系相似,但依然受到前面各阶段延迟的影响,可能会导致整体物流时效延长。

三、跨境电商的推动因素

尽管跨境电商在当前发展中仍面临诸多挑战,如依赖传统销售模式、买家需求封闭、订单周期长、利润空间低等问题,相较于传统外贸的局限性,跨境电商的兴起为企业提供了更为灵活和高效的贸易方式。这种模式的崛起,主要源于以下方面的推动因素:

第一,跨境电商提升运营效率。跨境电商通过互联网平台重塑了中小企业的国际贸易链条。与传统外贸模式依赖的进口商、批发商、分销商及零售商等中介环节不同,跨境电商允许企业直接面向个体批发商、零售商乃至最终消费者。这种模式有效削减了贸易中的中间环节和商品流转成本,从而提高了运营效率。减少的中间环节成本使得企业能够提高获利能力,同时也让消费者能够享受到更为实惠的价格。

第二,跨境电商便于客户管理。传统外贸企业的经营模式往往依赖业务员从客户选择、合同签订、货源组织、验货报关到货款支付的全过程,这种模式不仅使企业难以全面掌握客户信息,还使业务员成为企业生存的关键。然而,在跨境电商模式下,企业的信息化管理使得每个人的工作日程和行动记录都可以被追踪,所有细节一目了然。这样,企业能够更好地掌握客户资源,减少因人才流失带来的竞争力下降问题,从而有助于企业的长期发展。

第三,跨境电商降低交易成本。跨境电商模式使企业能够广泛选择供应商,降低进货成本并保证进货质量。这种模式具有中间环节少、价格低廉和利润率高等优势,并且由于交易频率高、金额小、体积小,信息有案可查,方便政府监管。通过跨境电商,企业可以在全球范围内提供全天候的产品和服务信息,增加贸易机会,同时用户也可以根据自身需求选择最适合的供应商,这有助于打破国际贸易中的有形或无形壁垒。

第四,跨境电商减轻外贸企业对基础设施的依赖。传统国际贸易对基础设施的要求较高,包括办公大楼、仓库及其设施设备等,而跨境电商则利用互联网这一无国界的媒介体,促进了数字化产品和服务的传输。许多中小企业通过跨境电商能够摆脱实体设施的束缚,享受“零库存”的优势,即在接到客户订单后再向生产企业订购。这一特性使得更多中小企业愿意加入跨境电商的行列中,进一步推动了这一领域的快速发展。

四、跨境电商的发展策略

在全球经济一体化的浪潮中,跨境电商作为新兴的贸易模式,以其独特的优势迅速崛起,成为推动全球经济增长的重要力量。然而,随着其规模的不断扩大和市场的日益深化,跨境电商也面临着诸多挑战。为应对这些挑战,国际社会、各国政府、跨境电商企业以及行业协会等各方需共同努力,制定并实施一系列有效的发展策略。

(一)加强国际合作,制定统一法规和标准

第一,加强国际沟通与协商。各国应通过双边或多边谈判,就跨境电商的相关法律法规、监管标准等问题进行深入探讨,寻求共识。在此基础上,可以逐步推动各国在法律法规、监管标准等方面的趋同,为跨境电商创造更加稳定、可预期的经营环境。

第二,加强在知识产权保护方面的合作。跨境电商平台上商品种类繁多,其中不乏涉及知识产权的商品。然而,由于跨境电商的特殊性,知识产权保护成为一大难题。因此,各国应共同打击跨境电商平台上的假冒伪劣商品,维护市场秩序和消费者权益。这可以通过加强国际合作,共同制定知识产权保护规则,加大执法力度等方式实现。

第三,为了推动统一法规和标准的制定与实施,国际社会还可以建立相应的合作机制和平台。例如,可以设立跨境电商国际合作论坛、建立跨境电商法规数据库等,为各国政府、企业以及行业协会等提供交流与合作的机会,共同推动跨境电商的健康发展。

(二)建立可靠的监管机制

第一,加强对跨境电商平台的监管。各国政府应制定相应的法律法规,明确跨境电商平台的责任和义务,要求其遵守相关法律法规和监管标准。同时,政府还应加强对跨境电商平台的日常监管,确保其运营合规、商品质量可靠、服务优质。

第二,加强对进口商品的检验检疫。各国政府应建立完善的检验检疫体系,对进口商品进行严格的检验检疫,确保商品质量符合相关标准和要求。同时,政府还应加强对检验检疫人员的培训和管理,提高其专业素质和工作效率。

第三,加强对消费者权益的保护。各国政府应制定完善的消费者权益保护法律法规,明确消费者的权利和义务,为消费者提供便捷的维权渠道和有效的救济措施。同时,政府还应加强对跨境电商企业的监管,要求其遵守相关法律法规和监管标准,确保消费者在跨境电商平台上购物时能够享受到与国内购物相同的权益保障。

(三)跨境电商企业加强自身建设

第一,加强内部管理。企业应建立完善的内部管理制度和流程,明确各部门的职责和权限,确保企业运营符合相关法律法规和监管标准。同时,企业还应加强对员工的培训和管理,提高其专业素质和工作效率。

第二,加强员工培训。企业应定期对员工进行法律法规、监管标准等方面的培训,使员工充分了解并遵守相关法律法规和监管标准。同时,企业还应鼓励员工积极学习新知识、新技能,提高自身的专业素质和工作能力。

(四)推动行业自律与协同发展

第一,建立行业协会。行业协会可以由跨境电商企业自发组成,也可以由政府引导成立。行业协会应制定相应的章程和规则,明确协会的宗旨、任务、会员的权利和义务等。同时,行业协会还应加强与政府、企业以及其他相关机构的沟通与合作,共同推动行业的健康发展。

第二,制定行业规范。行业协会应组织会员企业共同制定行业规范,明确行业标准和要求。这可以包括商品质量标准、服务标准、诚信经营规范等方面。通过制定行业规范,可以规范企业的行为,提高行业的整体素质和竞争力。

第三节 国际服务贸易的发展及策略

一、国际服务贸易发展的特征

第一,国际服务贸易整体发展迅速,但各主要贸易区发展不平衡。国际服务贸易在20世纪70年代以前尚未成为全球经贸关系的核心领域,关税及贸易总协定的多轮谈判也未涵盖此议题。进入20世纪70年代后,国际服务贸易经历了迅猛的发展,其规模不断扩大,逐渐引起了广泛关注。经济全球化和国际分工的转型促使全球价值链的深入发展,生产链条被拉长,中间品贸易成为国际贸易的主流。服务业不仅为基础设施建设提供支持,提升本国居民生活质量,还在全球价值链中扮演了重要角色。尽管国际服务贸易整体呈现出快速增长的态势,但其发展在全球范围内存在显著的不平衡。各大洲在服务贸易的出口和进口方面表现各异,尤其在不同地区的发展速度和水平存在差异。这种不均衡的现象反映了各地区服务贸易基础设施、政策环境和经济发展水平的不同[①]。

第二,国际服务贸易中发展中国家的地位不断上升,但发达国家仍占主导地位。国际服务贸易的区域分布呈现出明显的不平衡性。发达国家,尤其是西欧地区,一直以来在国际服务贸易中占据主导地位。然而,随着时间的推移,亚洲地区特别是发展中国家的服务贸易地位逐渐上升。虽然发展

①姚星,梅鹤轩,蒲岳.国际服务贸易网络的结构特征及演化研究——基于全球价值链视角[J].国际贸易问题,2019(4).

中国家在服务贸易中的比重有所增加，但发达国家依然主导了全球服务贸易的主要份额。这一现象表明，尽管发展中国家的服务贸易增长迅速，但其总体规模和影响力仍不及发达国家。

第三，国际服务贸易结构进一步优化，服务贸易领域扩大。服务贸易结构的优化反映了全球经济结构的变化。第二次世界大战之前，服务贸易主要集中在劳务输出和输入上。战后，随着科技进步和产业变革，电信、金融、信息产业及高新技术产业迅速崛起，服务贸易的领域也发生了显著变化。传统的运输和旅游服务的比重逐渐下降，而金融、计算机和信息服务等新兴服务领域的比重则不断上升。这一趋势表明，国际服务贸易的竞争重心已经转向新兴服务领域，这些领域在全球服务贸易中扮演了越来越重要的角色①。

第四，国际服务贸易呈现全球化、自由化趋势。服务贸易的全球化和自由化是国际经济发展的显著趋势。发达国家，特别是美国，服务业已经占据了GDP的主要份额，服务贸易的比重也在全球范围内处于领先地位②。这些国家通过参与WTO及其他区域性贸易组织，积极推动服务贸易的自由化进程。与此同时，各国产业结构的演变，从以农业为主的经济体向以工业和服务业为主的经济体转变，也是推动服务贸易全球化和自由化的根本原因。服务贸易的全球化不仅是发达国家的战略选择，也是全球经济结构调整的必然结果。

二、国际服务贸易发展的趋势

（一）数字技术提升服务贸易交易效率

随着信息技术的飞速发展，数字技术已成为推动国际服务贸易转型的重要力量。数字技术通过优化服务流程、提高服务质量和降低交易成本，极大地提升了服务贸易的交易效率。具体来说，数字技术使得服务提供者能够更快速地响应市场需求，更精准地匹配消费者需求，从而提高了服务的针

①陈永强，徐成贤.国际服务外包促进服务贸易的途径分析[J].国际贸易问题，2013(12).
②彭德雷.国际服务贸易协定(TISA)谈判与中国路径选择[J].亚太经济，2015(2).

对性和有效性。同时,数字技术还使得服务贸易的交付方式更加灵活多样,如远程服务、在线服务等,进一步拓宽了服务贸易的边界。

在数字化转型的推动下,国际服务贸易正逐渐从传统的线下模式向线上模式转变。这种转变不仅降低了服务贸易的时空限制,还使得服务贸易更加便捷、高效。例如,在线教育、远程医疗等服务的兴起,就是数字技术提升服务贸易交易效率的生动体现。

(二)服务贸易的数字化转型

除了提升交易效率外,数字技术还推动了服务贸易的数字化转型。数字化转型是指将传统的服务贸易模式转化为基于数字技术的服务模式。这种转型不仅使得服务贸易更加智能化、自动化,还提高了服务贸易的创新能力和竞争力。

在数字化转型的过程中,大数据、云计算、人工智能等先进技术得到了广泛应用。这些技术通过收集、分析和利用大量数据,为服务贸易提供了更加精准、个性化的服务。例如,在金融服务领域,通过大数据分析和人工智能技术,金融机构能够更准确地评估客户的信用风险,从而提供更加个性化的金融服务。

(三)跨境数据流动规制的影响

随着全球贸易的深入发展,跨境数据流动已成为国际服务贸易的重要组成部分。然而,跨境数据流动也面临着诸多规制挑战。不同国家和地区对于数据流动的规定存在差异,这可能导致数据流动的障碍和冲突。因此,跨境数据流动规制的演进对于国际服务贸易的发展具有深远影响。

为了促进跨境数据流动,各国需要加强合作与协调,制定统一的数据流动规则和标准。同时,还需要加强数据保护和安全措施,确保数据在跨境流动过程中的安全性和隐私性。只有这样,才能充分发挥数据在国际服务贸易中的价值,推动国际服务贸易的持续发展。

(四)全球贸易规则的重构与挑战

在全球经济数字化转型的背景下,全球贸易规则也面临着重构的挑战。传统的贸易规则主要适用于实物贸易，而对于服务贸易特别是数字化服务贸易的规制相对较少。因此，需要制定新的贸易规则来适应数字化时代的发展需求。

在制定新的贸易规则时，需要充分考虑数字技术的特点和服务贸易的特殊性。例如，需要明确数字产品的定义和分类、确定数字产品的税收和关税政策、制定数字产品的知识产权保护规则等。同时，还需要加强国际合作与协调，推动全球贸易规则的统一和协调。只有这样，才能为国际服务贸易的发展提供有力保障。

三、我国服务贸易发展的策略

在全球经济一体化与数字化浪潮的双重推动下，服务贸易已成为推动国家经济增长的重要引擎。中国作为世界第二大经济体，其服务贸易的发展不仅关乎国内经济的转型升级，更对全球经济格局产生深远影响。然而，面对复杂多变的国际环境和日益激烈的市场竞争，中国服务贸易的发展面临着诸多挑战。为应对这些挑战，中国需采取一系列策略，以推动服务贸易的高质量发展。

（一）加强制度建设

在全球服务贸易自由化的大背景下，建立健全与国际高标准经贸规则相衔接的服务业开放制度体系，是中国服务贸易发展的首要任务。这一策略的核心在于，通过持续深化规则、规制、管理和标准的开放，提升服务贸易的自由化和便利化水平。

第一，加快服务业领域的立法进程，完善服务贸易相关的法律法规体系。这包括制定或修订服务贸易促进法、外商投资法等相关法律，为服务贸易的发展提供坚实的法律保障。同时，中国还应积极参与国际服务贸易规则的制定和修订，推动形成更加公平、透明、可预期的国际贸易环境。

第二，深化服务业领域的改革开放，放宽市场准入限制，降低外资进入门槛。这有助于吸引更多的国际服务提供者进入中国市场，促进服务贸易的多元化和竞争化。同时，中国还应加强与国际高标准经贸规则的对接，推动服务贸易领域的标准互认和规制融合，降低跨境服务贸易的交易成本。

第三，加强服务贸易的统计监测和预警机制建设，及时掌握服务贸易的发展动态和趋势，为政策制定提供科学依据。通过建立健全服务贸易统计体系，中国可以更加准确地评估服务贸易的发展状况，为服务贸易的未来发展提供有力支撑。

（二）推动数字化转型

在数字经济时代，数字化转型已成为服务贸易发展的重要趋势。为顺应这一趋势，中国需要加速5G、大数据、云计算、人工智能、区块链等新兴技术与服务业的深度融合，推动服务贸易的数字化转型。

第一，加大在数字基础设施领域的投入，提升数字技术的普及和应用水平。这包括加快5G网络的建设和普及，推动大数据、云计算等技术在服务业领域的广泛应用，为服务贸易的数字化转型提供坚实的技术支撑。

第二，推动服务贸易企业的数字化转型，鼓励企业采用先进的技术手段和管理模式，提高服务效率和质量。这包括推动企业构建数字化服务平台，实现服务的在线化、智能化和定制化，满足消费者多样化的需求。同时，中国还应加强数字贸易平台的建设，促进服务贸易的线上化和全球化发展。

第三，注重数字安全和隐私保护。随着数字技术的广泛应用，数据安全和隐私保护问题日益凸显。中国需要建立健全数字安全和隐私保护机制，加强数据的安全管理和监管，保障服务贸易的数字化转型在安全、可控的环境下进行。

（三）优化营商环境

良好的营商环境是服务贸易发展的基础。为优化营商环境，中国需要简化贸易流程，提高通关效能和物流效率，促进跨境贸易便利化。同时，加强知识产权保护，维护市场秩序，为企业提供良好的发展环境。

第一，在贸易流程简化方面，推动相关部门之间的信息共享和协同作业，减少重复申报和审核环节，提高贸易效率。同时，中国还应加强口岸基础设施建设，提升口岸通关能力和物流效率，降低企业的贸易成本。

第二,在知识产权保护方面,加大知识产权执法力度,打击侵权行为,维护市场秩序。同时,中国还应加强知识产权的宣传和培训,提高企业的知识产权意识和保护能力。通过建立健全知识产权保护体系,中国可以为服务贸易的发展提供有力的法治保障。

第三,加强服务贸易领域的市场监管和公共服务体系建设。通过建立健全市场监管机制,加强对服务贸易市场的监督和管理,维护市场秩序和公平竞争。同时,中国还应加强公共服务体系建设,为企业提供政策咨询、信息查询、法律援助等一站式服务,降低企业的运营成本和风险。

(四)拓展国际合作

在全球化的背景下,国际合作已成为推动服务贸易发展的重要途径。为拓展国际合作,中国需要积极参与全球服务贸易治理和国际规则制定,加强与其他国家和地区的服务贸易合作。同时,推动“丝路电商”等合作项目的实施,共享服务贸易发展机遇。

第一,在全球服务贸易治理方面,积极参与国际服务贸易规则的制定和修订,推动形成更加公平、合理、透明的国际贸易环境。同时,中国还应加强与其他国家和地区的双边和多边合作,推动服务贸易的自由化和便利化发展。

第二,在合作项目方面,积极推动“丝路电商”等合作项目的实施,加强与沿线国家和地区的电子商务合作。通过建设跨境电商平台、推动支付和物流体系的互联互通等措施,促进服务贸易的线上化和全球化发展。同时,中国还应加强与其他国家和地区在服务贸易领域的交流与合作,共同推动服务贸易的创新和发展。

(五)培育竞争优势

为提升中国服务贸易的国际竞争力,中国需要发挥在数字经济和制造业等方面的优势,培育具有国际竞争力的服务贸易企业。同时,加大人才培养和引进力度,提升服务贸易领域的高级技术人才和领军人才储备。

第一,在发挥优势资源方面,充分利用数字经济的快速发展和制造业的雄厚基础,推动服务贸易与数字经济和制造业的深度融合。通过推动数字服务贸易、制造业服务贸易等新兴业态的发展，培育新的增长点和竞争优势。

第二，在培育企业实力方面，加大对服务贸易企业的支持力度，鼓励企业加强技术创新和品牌建设，提高服务质量和效率。同时，中国还应推动服务贸易企业的国际化发展，鼓励企业“走出去”参与国际竞争和合作。通过培育一批具有国际竞争力的服务贸易企业，提升中国服务贸易的整体实力和国际影响力。

第三，在人才培养和引进方面，加强服务贸易领域的人才培养和引进力度，建立完善的人才培养和引进机制。通过加强高等教育和职业教育在服务贸易领域的专业设置和教学改革，培养一批具有国际视野和专业技能的高级技术人才和领军人才。同时，还应积极引进海外高层次人才和团队，为服务贸易的发展提供有力的人才支撑。

参考文献

[1] 徐苑琳，孟繁芸.全球数字贸易规则制定面临的问题与发展趋势[J].价格月刊，2018(04).

[2] 姚星，梅鹤轩，蒲岳.国际服务贸易网络的结构特征及演化研究——基于全球价值链视角[J].国际贸易问题，2019(04).

[3] 陈永强，徐成贤.国际服务外包促进服务贸易的途径分析[J].国际贸易问题，2013(12).

[4] 彭德雷.国际服务贸易协定(TISA)谈判与中国路径选择[J].亚太经济，2015(02).

[5] 张先锋.数字贸易[M].合肥：合肥工业大学出版社，2021.

[6] 周宝玉.跨境电商对国际贸易的多重效应探究——兼论成本和效率视角[J].商业经济研究，2024(07).

[7] 殷敏.国际贸易数字化变革的国际规制[J].北方法学，2024(02).

[8] 林创伟，任靓，程嘉嘉.国际贸易规则重塑：成因、趋势与中国应对[J].国际经贸探索，2023(12).

[9] 曾鹏，程寅.中国城市群国际贸易增长的时空演化和发展曲线模拟[J].地理科学进展，2023(10).

[10] 赵瑾.把握国际贸易发展大势加快贸易强国建设[J].红旗文稿，2023(20).

[11] 张红星.我国流通业与国际贸易的协同发展水平及影响因素[J].商业经济研究，2023(15).

[12] 郑蕴.国际贸易法体系的碎片化结构：历史性变局、主要矛盾与中国对策[J].国际经济法学刊，2023(03).

[13] 许朝凯，刘宏曼.国际贸易网络演化与中国出口韧性提升[J].世界经

济研究,2023(06).

[14] 马光明,王立勇.加强中国国际贸易话语权建设:现状与思路[J].国际贸易,2023(04).

[15] 孔庆江.提高中国在国际贸易法制中话语权的路径研究[J].政法论坛,2023(03).

[16] 任虎,赵雯璐.国际贸易条约评估及其机制的界定研究[J].国际经济法学刊,2023(02).

[17] 金微微.跨境电商对我国国际贸易的影响——基于交易成本的实证分析[J].商业经济研究,2023(05).

[18] 郝荻.国际贸易体系的多中心趋势及其治理框架研究[J].国际经贸探索,2023(01).

[19] 赵儒煜,王一博.国际贸易理论的逻辑弊病与重建[J].人文杂志,2022(12).

[20] 商辉,陈洋,鲁安邦.国际贸易网络与企业创新行为[J].国际贸易问题,2022(11).

[21] 孙秀娟.国际贸易中的绿色贸易壁垒问题探讨[J].金融文坛,2023(08).

[22] 王华玲.可持续发展背景下的国际贸易与生态环境关系分析[J].科技和产业,2019(08).

[23] 林贤芳,张阳.国际贸易影响环境的理论机制研究综述[J].中国商论,2023(08).

[24] 耿雪娇.浅谈国际能源过境管道运输中的法律问题[J].新西部(理论版),2016(03):56.

[25] 龚云鸽.李嘉图的比较优势理论及其评析[J].改革与开放,2018(14).

[26] 李卓文.国际贸易中的绿色贸易壁垒问题及解决对策[J].产业创新研究,2022(01).

[27] 王志勇.国际贸易经济的生态化战略选择分析[J].财经界,2024(17).

[28] 蔡春林,陈原.国际贸易[M].北京:对外经济贸易大学出版社,2023.

[29] 郝玉柱.国际贸易[M].北京:中国经济出版社,2019.

[30] 孙莉莉.国际贸易理论与政策[M].北京:北京理工大学出版社,2017.

[31] 徐黑妹.中国对外贸易政策的研究[D].福建:厦门大学,2007.

[32] 陈善步,林杰.保护贸易政策的演变及成因分析[J].全国商情(经济理论研究),2008(06).

[33] 刘鑫,薛潇.关税经济效应初探-以我国汽车产业关税保护政策为例[J].华章,2010(16).

[34] 宋洁.非关税壁垒[J].时代金融(下旬),2013(07).

[35] 王秀芹,成淑君,毛伟才.出口信贷下出口信用保险的应用研究[J].国际经济合作,2008(07).

[36] 冯灵强.出口退税的有效管理策略探讨[J].中国市场,2024(10).

[37] 韩丽姝,张磊,王英华.国际贸易实务[M].上海:上海财经大学出版社,2018.

[38] 牛慈康.国际贸易实务[M].北京:对外经济贸易大学出版社,2017.

[39] 姚丹.国际贸易实务[M].重庆:重庆大学出版社,2017.

[40] 刘丁有,王冬英.国际贸易实务[M].北京:对外经济贸易大学出版社,2016.

[41] 桑百川,王萱.国际需求萎缩冲击、贸易网络与中国"稳外贸"目标[J].国际贸易问题,2023(07).

[42] 周建军.外部不确定性、国际友好城市与中国出口贸易[J].国际商务(对外经济贸易大学学报),2024(03).

[43] 成喜玲,孙林霞.国际贸易实务[M].天津:天津大学出版社,2021.

[44] 周学明.国际贸易[M].北京:中国金融出版社,2013.

[45] 黄海东.国际贸易实务(第3版)[M].大连:东北财经大学出版社,2018.

[46] 栗冀.我国国际招标实践发展与发挥的重要作用[J].招标采购管理,2019(06).

[47] 方献华,娄文娅.商品期货交易中的风险管理探析[J].商展经济,

2023(15).

[48] 薛丹.现货交易平台交易模式的法律风险控制研究[D].贵阳:贵州民族大学,2021.

[49] 王小柳.商品期货交易风险分析及其控制措施[J].现代企业,2020(01).

[50] 朱文莉,王督.融资租赁对国际贸易的影响研究[J].哈尔滨商业大学学报(社会科学版),2017(06).

图书在版编目（CIP）数据

现代国际贸易研究 / 张方建著. -- 湘潭 : 湘潭大学出版社, 2024. 11. -- ISBN 978-7-5687-1594-2
Ⅰ. F74
中国国家版本馆 CIP 数据核字第 20247D088Y 号

现代国际贸易研究

XIANDAI GUOJI MAOYI YANJIU

张方建 著

责任编辑：刘文情
封面设计：张 波
出版发行：湘潭大学出版社
社　　址：湖南省湘潭大学工程训练大楼
电　　话：0731-58298960 0731-58298966（传真）
邮　　编：411105
网　　址：http://press.xtu.edu.cn/
印　　刷：长沙印通印刷有限公司
经　　销：湖南省新华书店
开　　本：710 mm×1000 mm 1/16
印　　张：13
字　　数：220 千字
版　　次：2024 年 11 月第 1 版
印　　次：2024 年 11 月第 1 次印刷
书　　号：ISBN 978-7-5687-1594-2
定　　价：60.00 元